Sergio Dellavecchia

TTR

TECNOLOGIE E TECNICHE DI RAPPRESENTAZIONE GRAFICA

PER IL PRIMO BIENNIO

a cura di **CARLO AMERIO**

SCHEDE DI DISEGNO 1

SOCIETÀ EDITRICE INTERNAZIONALE - TORINO

SEI

Coordinamento editoriale: Anna Maria Battaglini
Progetto editoriale e redazione: Claudia Marchis
Coordinamento tecnico: Michele Pomponio
Impaginazione: Puntografica - Torino
Disegni: Gian Marco Dellavecchia, Matilde Rivetti
Coordinamento multimediale: Nicola Prinetti
Redazione multimediale: Francesca Gatto
Copertina: Piergiuseppe Anselmo

07363

AZIENDA CON SISTEMA DI GESTIONE QUALITÀ CERTIFICATO DA DNV GL = ISO 9001 =

Prima edizione: 2015

Ristampa

4 5 6 7 8 9 10
2018 2019

Stampa: Sograte - Città di Castello (PG)

Completa le linee di costruzione e ripassa
il contorno del disegno di una turbina.

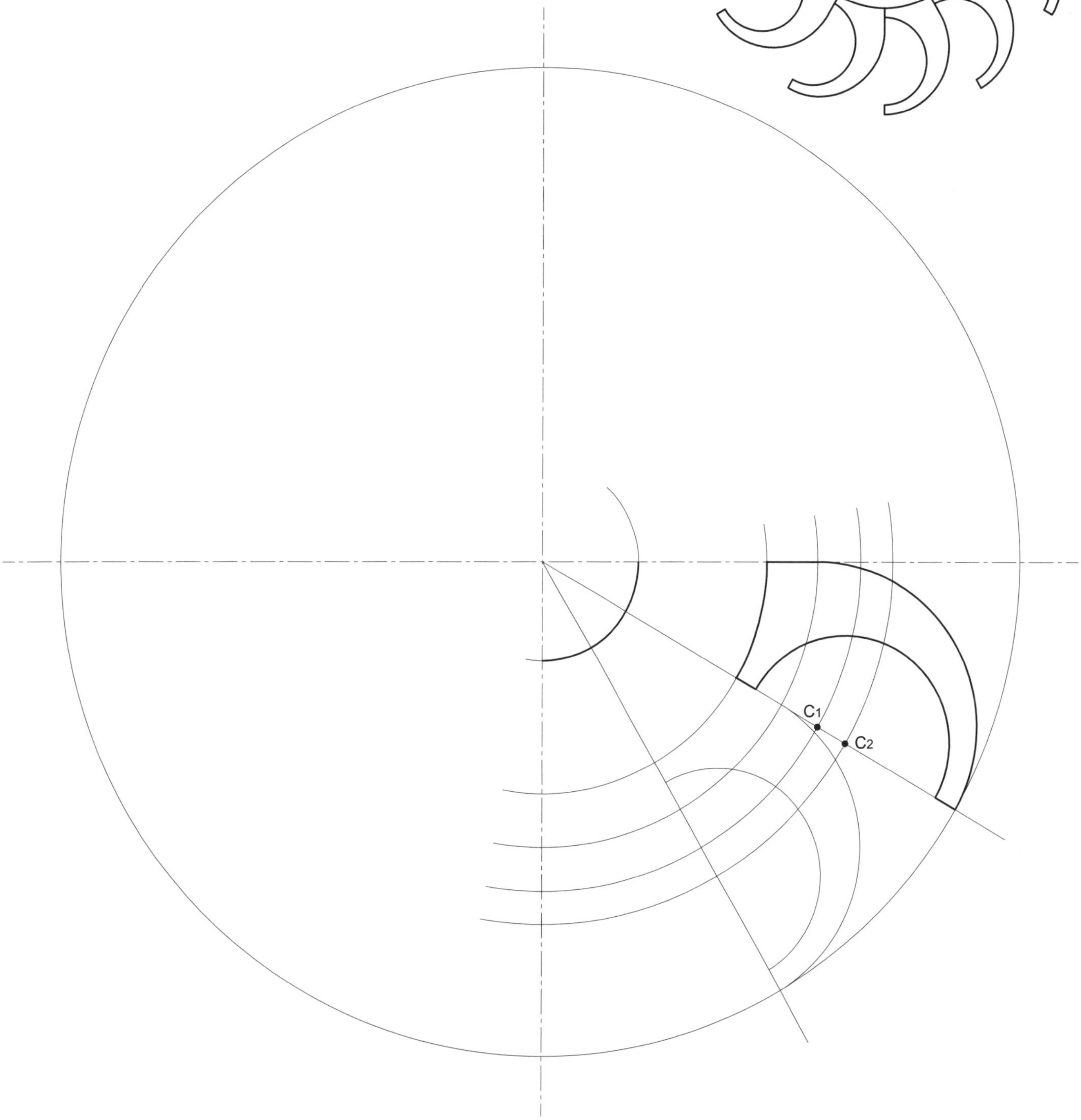

COSTRUZIONI GEOMETRICHE	Scuola	Classe	Data
	Allievo	Scala	1

Completa le linee di costruzione e ripassa
i contornI del disegno di un ingranaggio.

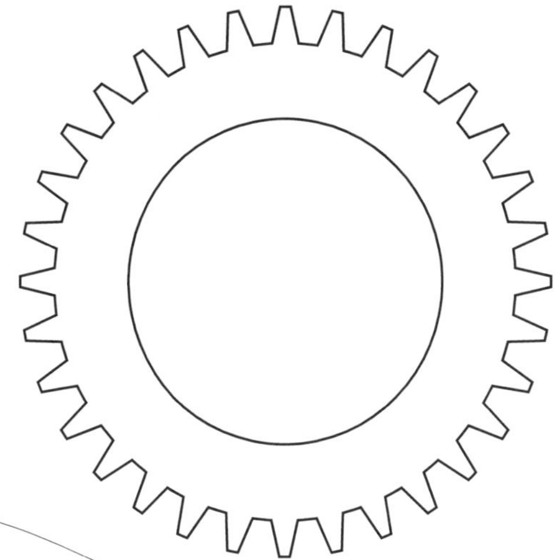

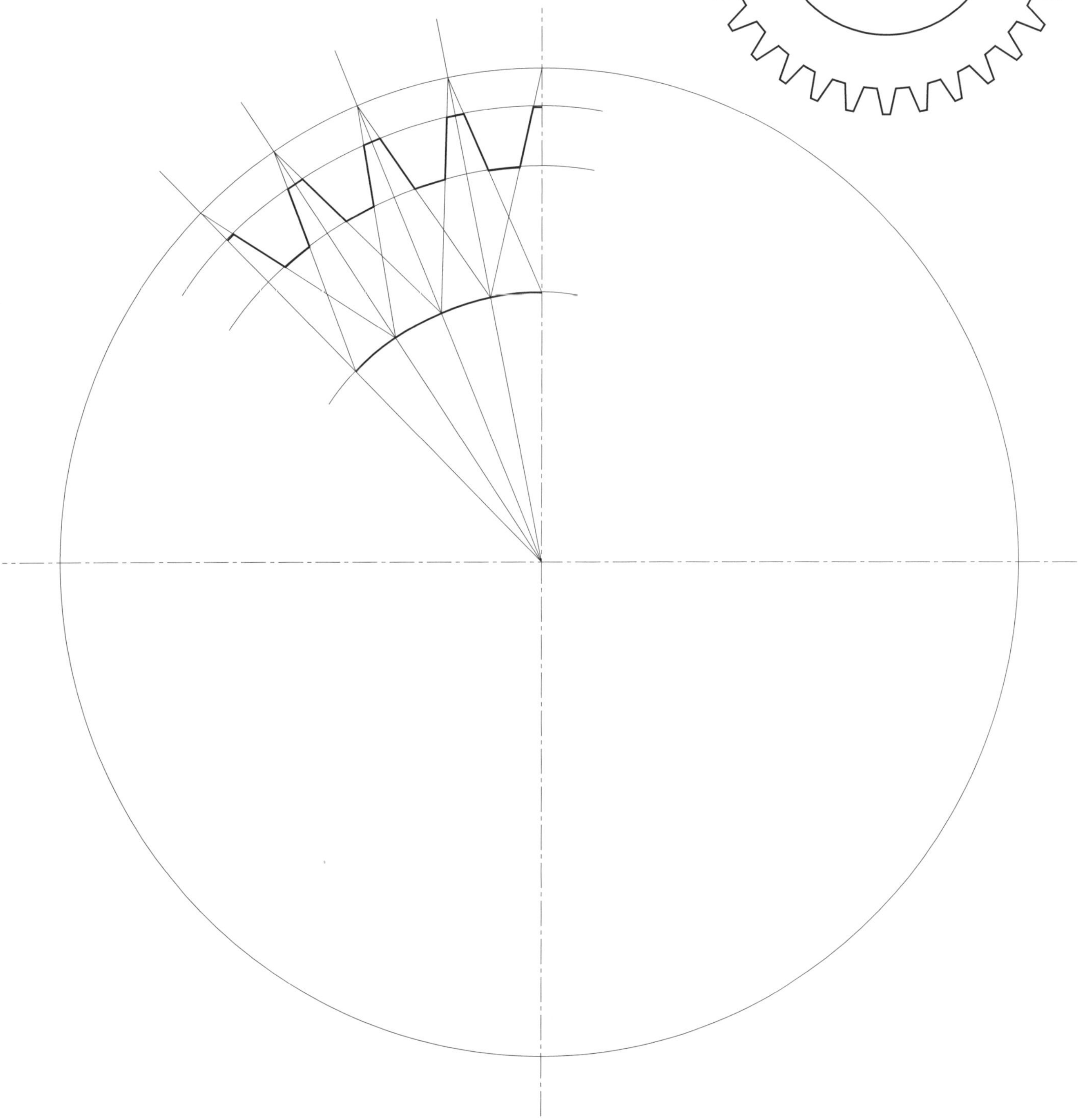

COSTRUZIONI GEOMETRICHE	Scuola	Classe	Data
	Allievo	Scala	2

Raccordando le circonferenze puoi costruire un circuito. Per fare questo utilizza la costruzione del raccordo tra due circonferenze raccordandole a due a due. Le circonferenze sono già tracciate, tu disegna i raccordi.

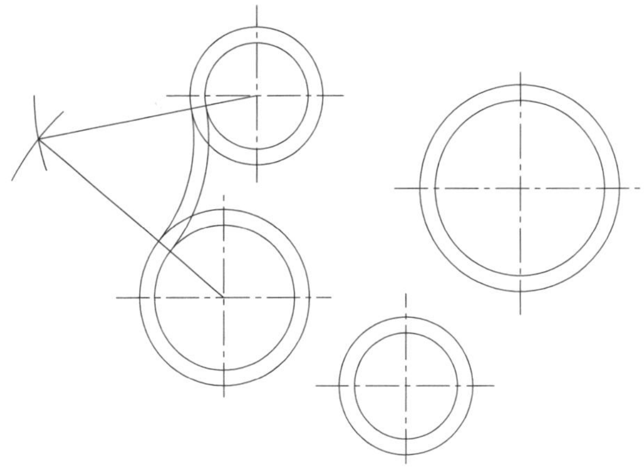

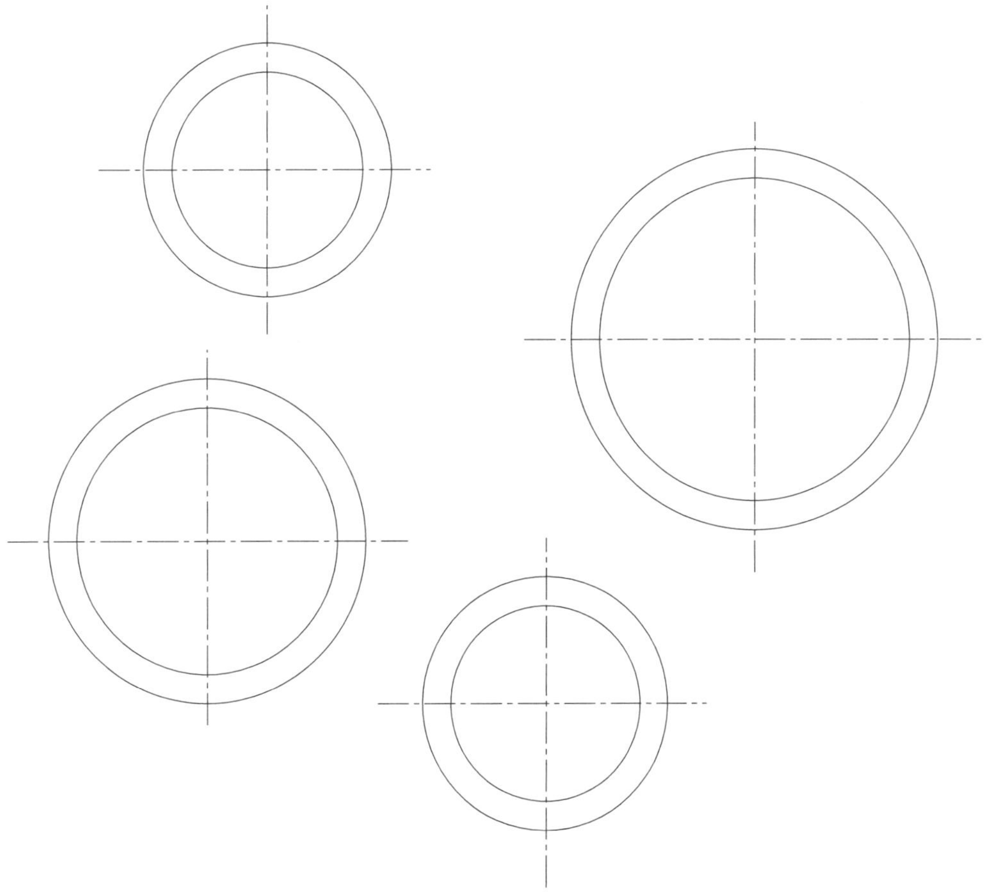

COSTRUZIONI GEOMETRICHE	Scuola	Classe	Data
	Allievo	Scala	3

Con la costruzione dell'ellisse dati gli assi (1° metodo), disegna le ellissi come nell'esempio qui riportato, utilizzando gli assi già tracciati. Le misure sono raddoppiate.

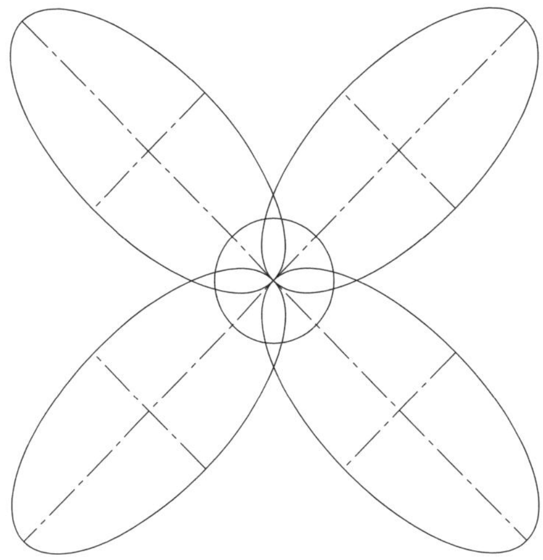

COSTRUZIONI GEOMETRICHE	Scuola	Classe	Data
	Allievo	Scala	4

La pianta disegnata qui a fianco può corrispondere a diversi solidi.
Disegna quattro prospetti di solidi che hanno questa rappresentazione in pianta.

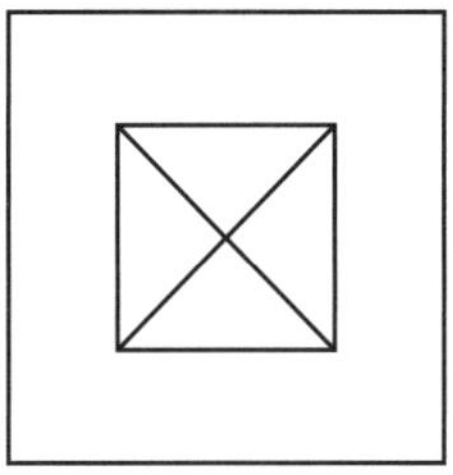

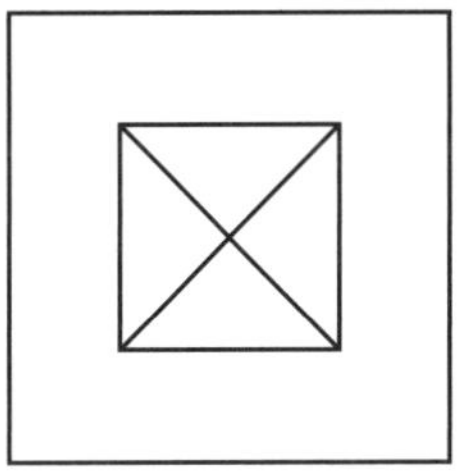

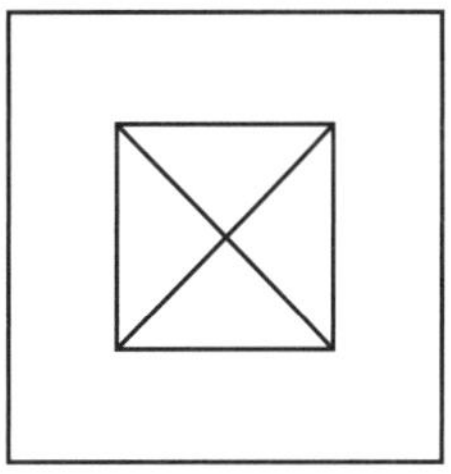

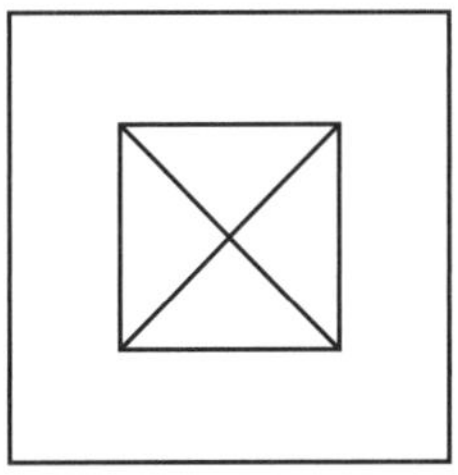

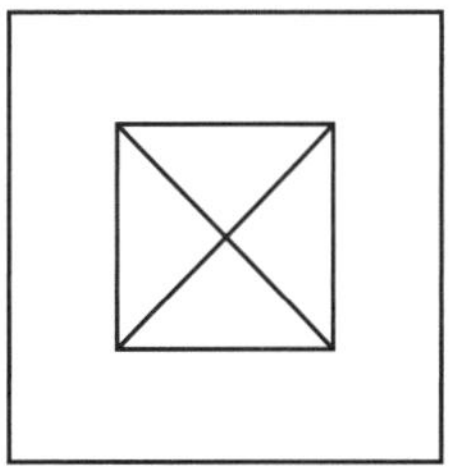

PROIEZIONI ORTOGONALI	Scuola	Classe	Data
	Allievo	Scala	5

Completa le proiezioni ortogonali del pezzo qui rappresentato, ricavando le misure dall'assonometria.

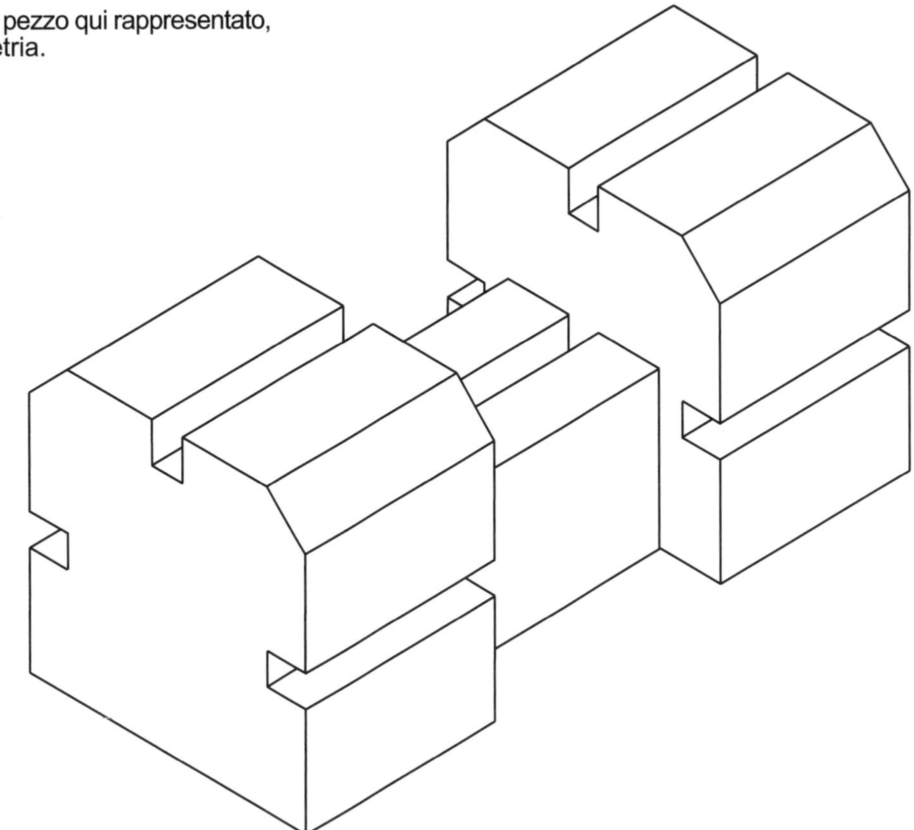

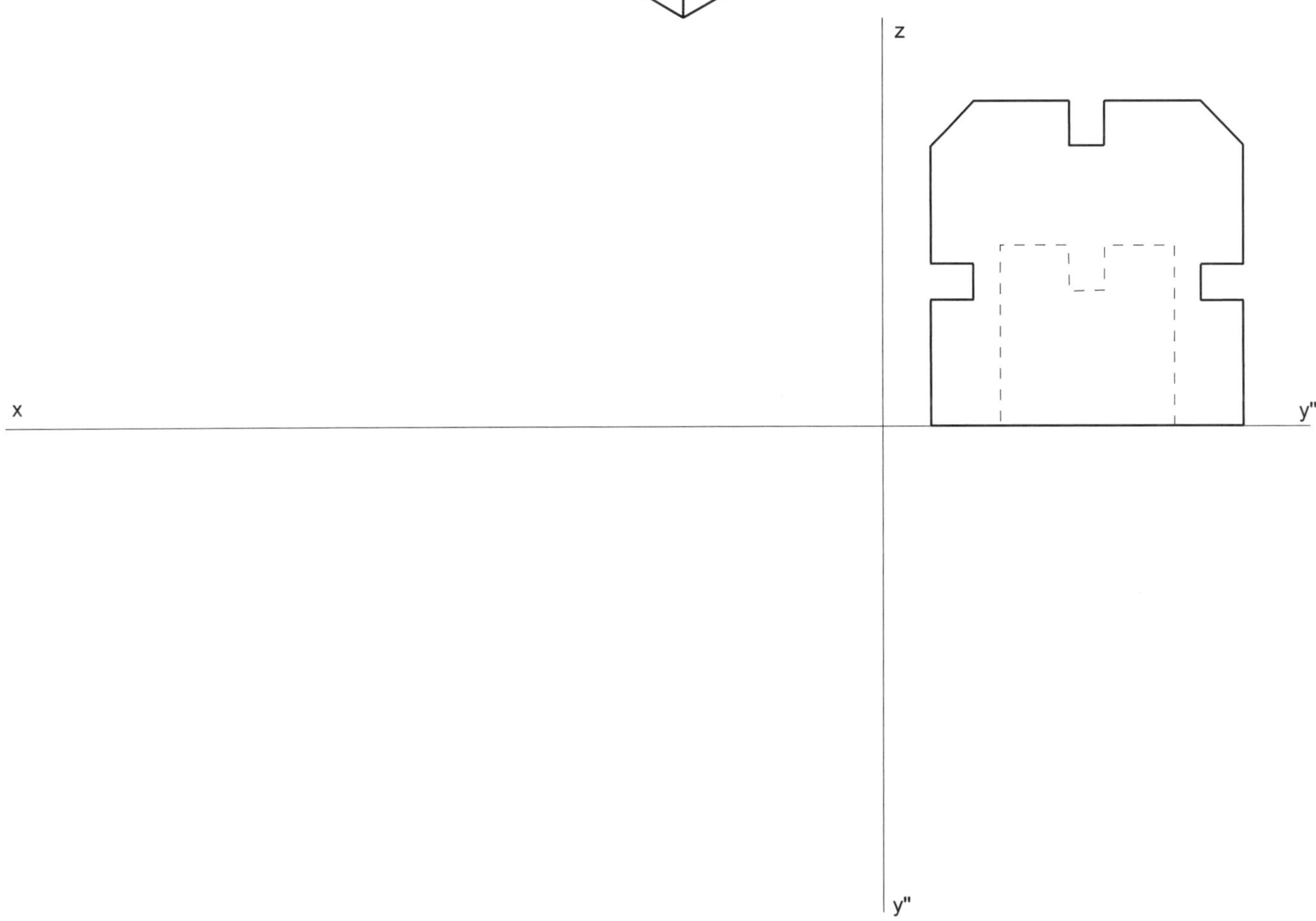

PROIEZIONI ORTOGONALI	Scuola	Classe	Data
	Allievo	Scala	6

Disegna le proiezioni mancanti del solido qui rappresentato, ricavando le misure dall'assonometria.

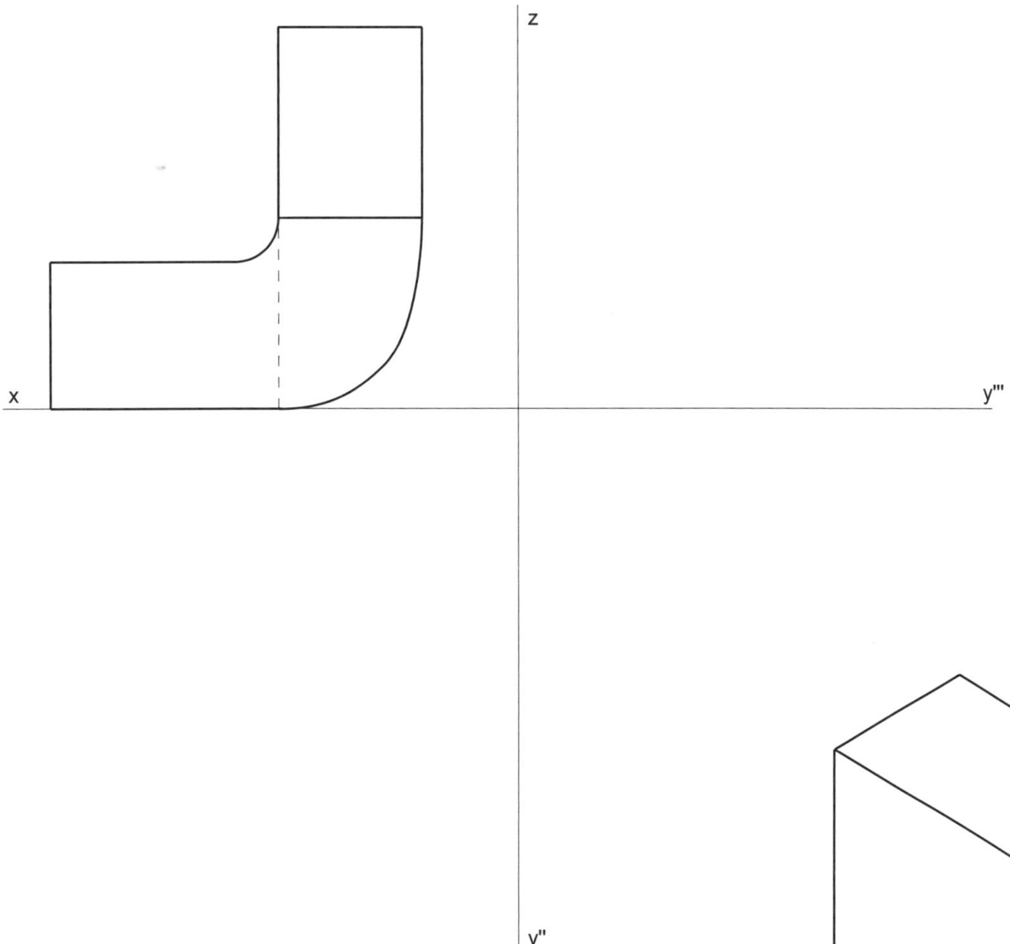

PROIEZIONI ORTOGONALI	Scuola	Classe	Data
	Allievo	Scala	7

Completa la proiezione ortogonale dell'oggetto qui rappresentato.
Ricava le dimensioni mancanti dall'assonometria.

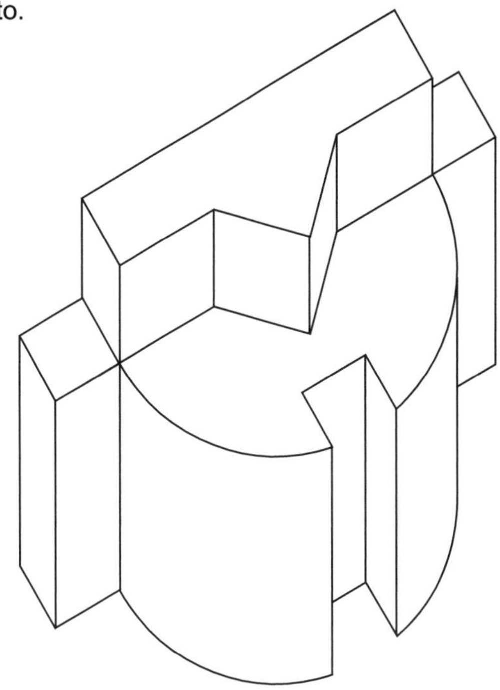

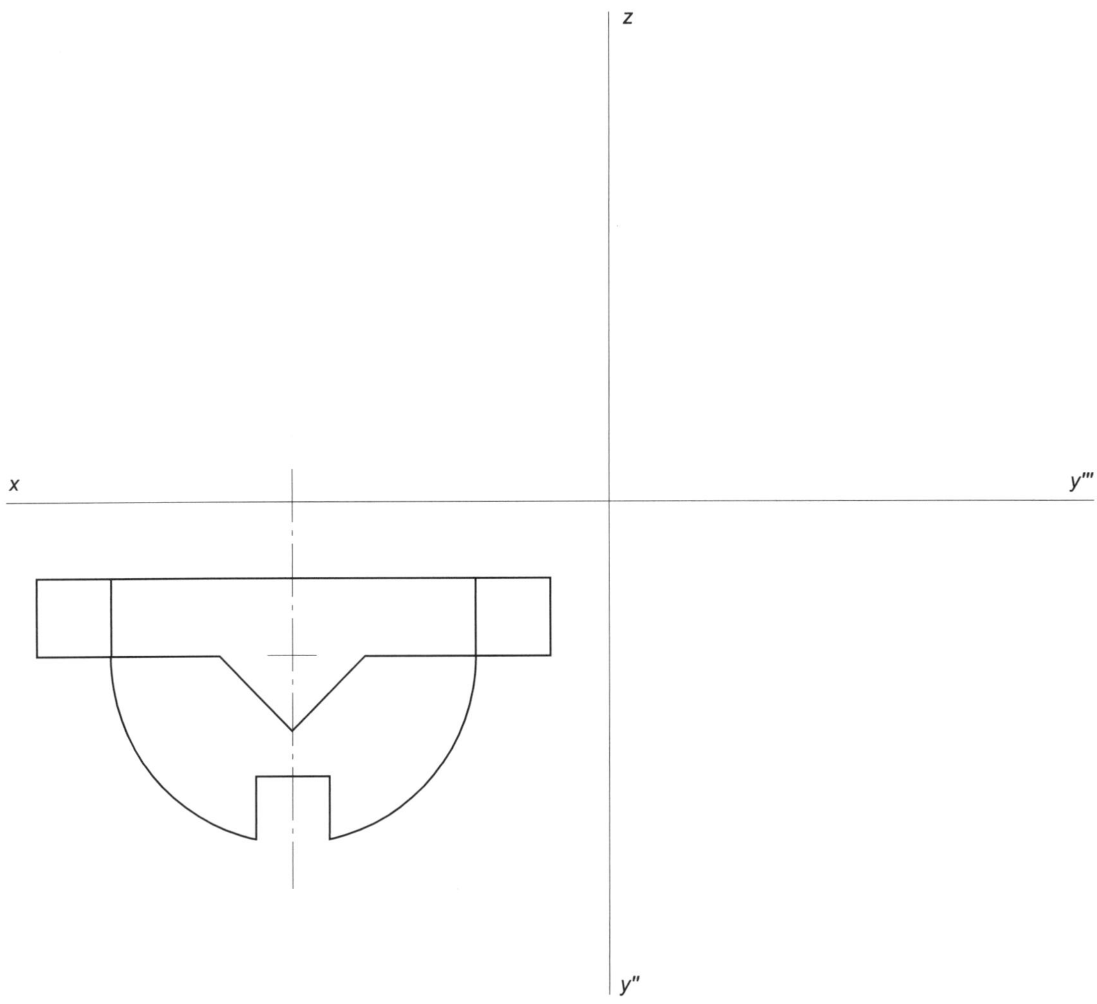

PROIEZIONI ORTOGONALI	Scuola	Classe	Data
	Allievo	Scala	8

Completa le proiezioni ortogonali del pezzo qui rappresentato, ricavando le misure dall'assonometria.

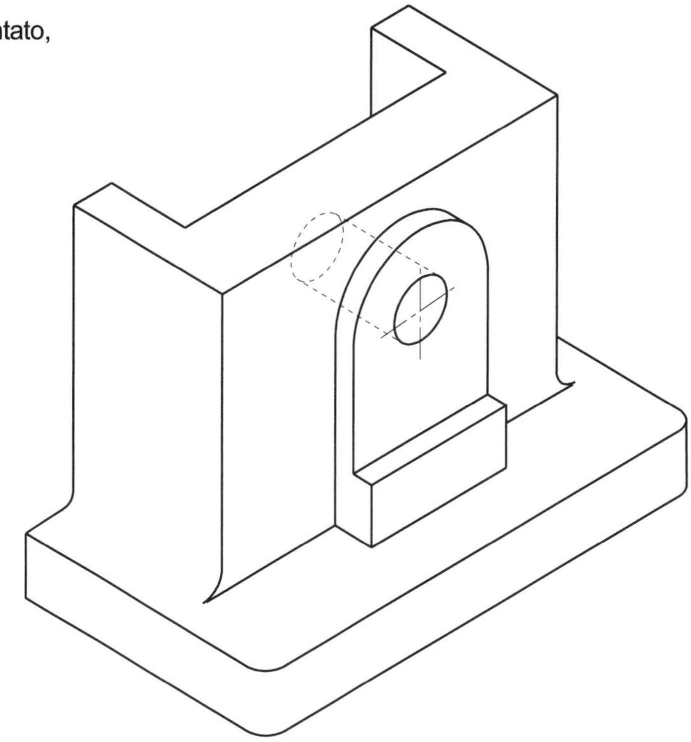

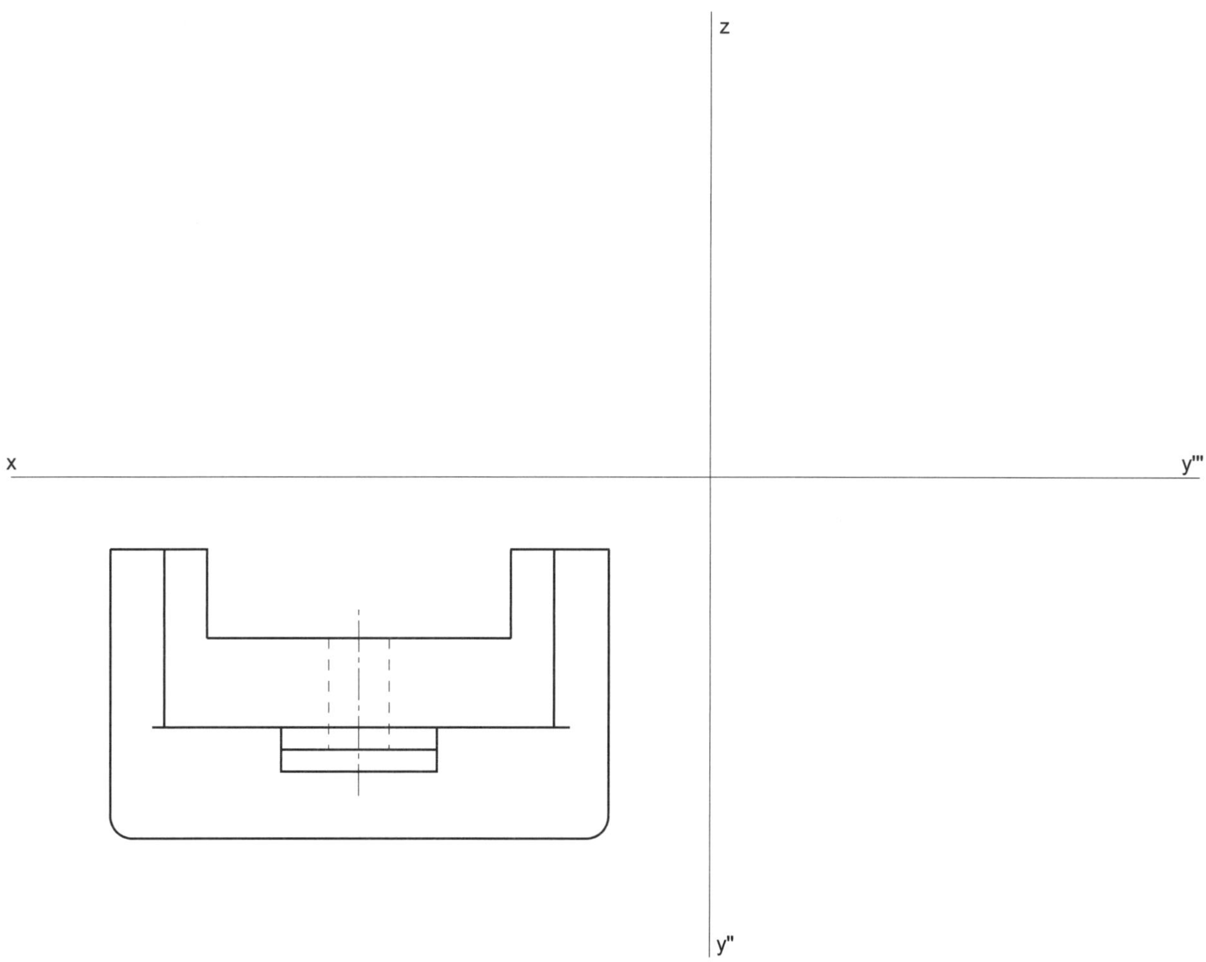

PROIEZIONI ORTOGONALI	Scuola	Classe	Data
	Allievo	Scala	9

Raddoppiando le misure che ricavi dalla rappresentazione tridimensionale, disegna il trono in proiezioni ortogonali.

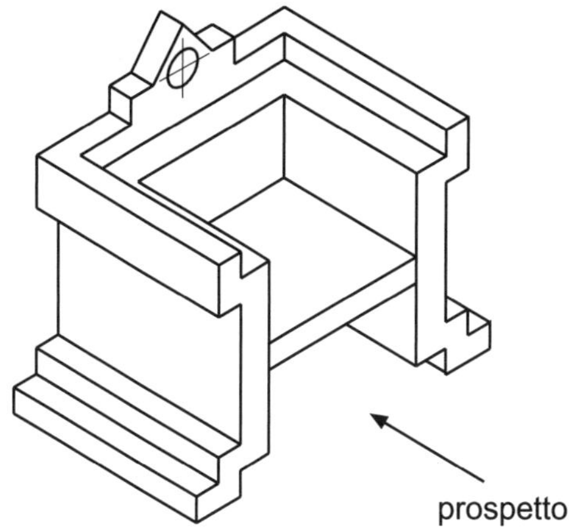

z

x

y'''

y''

PROIEZIONI ORTOGONALI	Scuola	Classe	Data
	Allievo	Scala	10

Disegna le proiezioni mancanti del solido qui rappresentato ricavando le misure dall'assonometria.

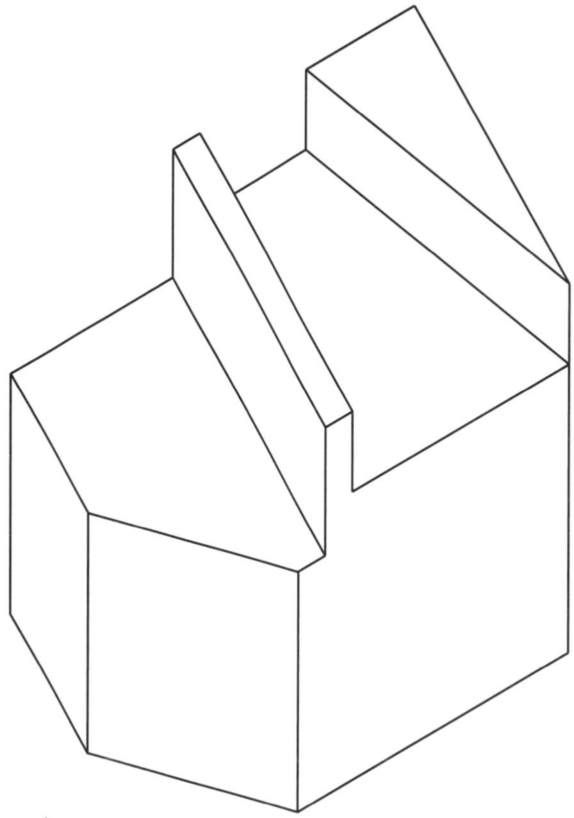

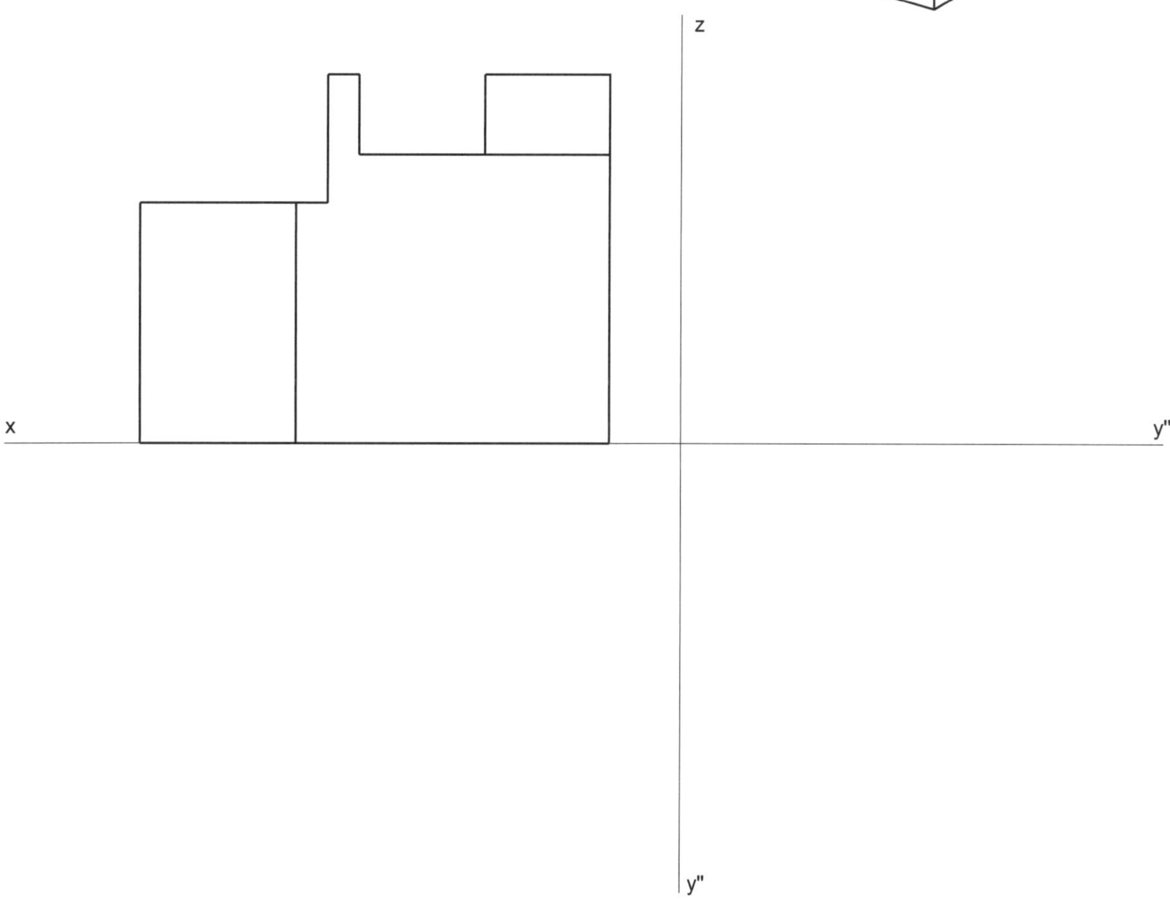

PROIEZIONI ORTOGONALI	Scuola	Classe	Data
	Allievo	Scala	11

Disegna le proiezioni mancanti del solido qui rappresentato ricavando le misure dall'assonometria.

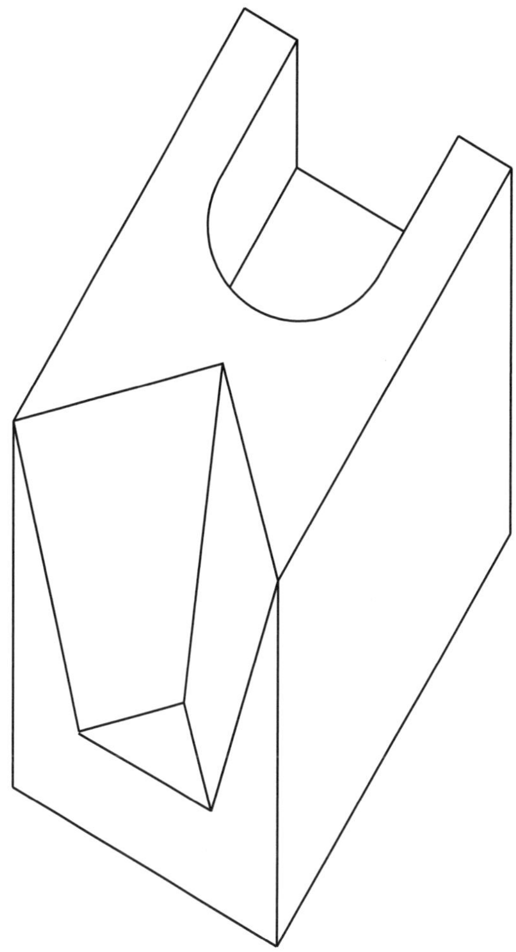

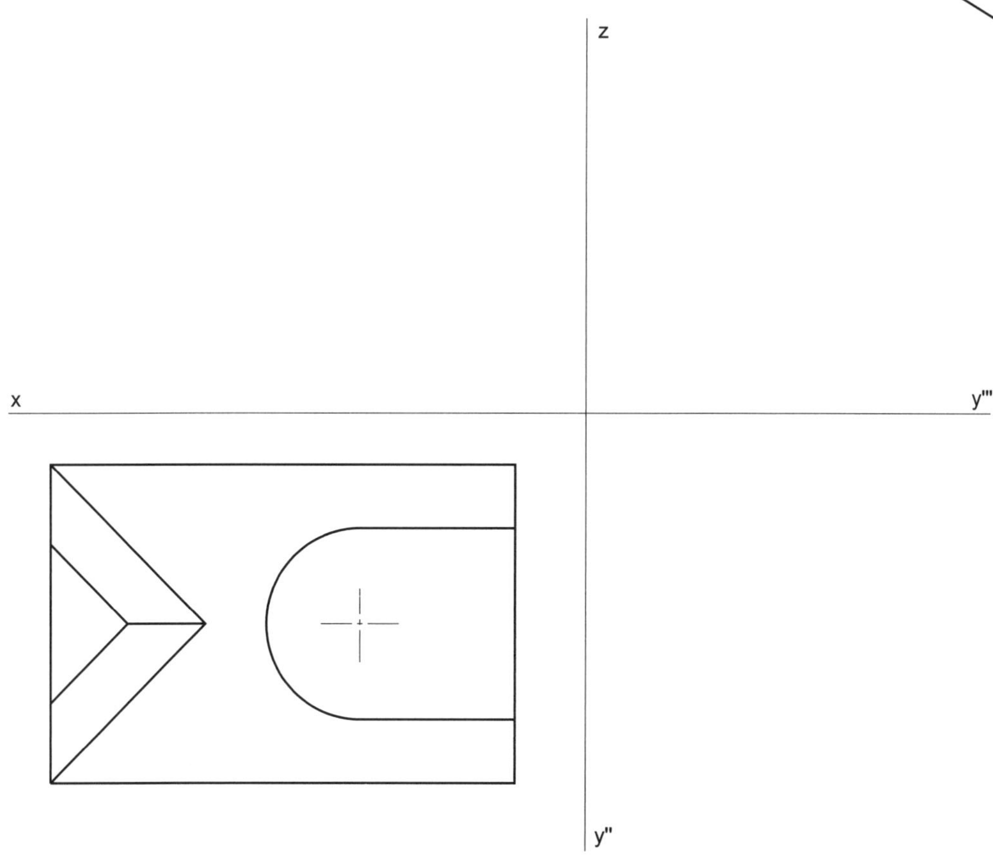

PROIEZIONI ORTOGONALI	Scuola	Classe	Data
	Allievo	Scala	12

Completa la proiezione ortogonale dell'oggetto qui rappresentato.
Ricava le dimensioni mancanti dall'assonometria.

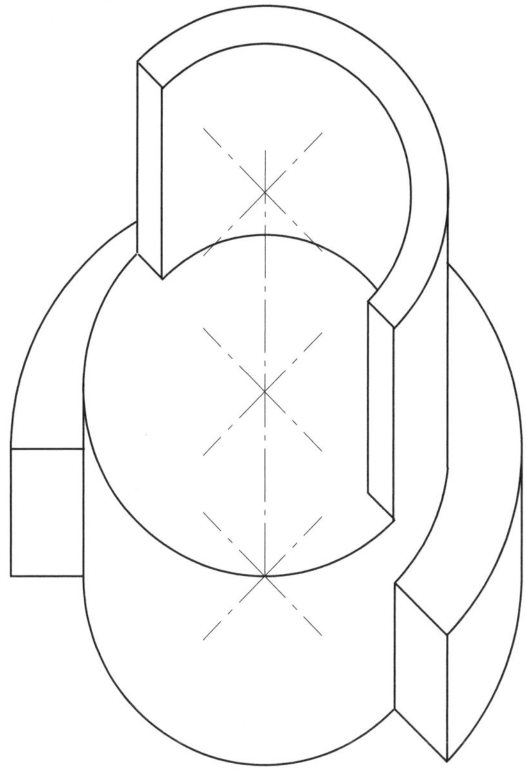

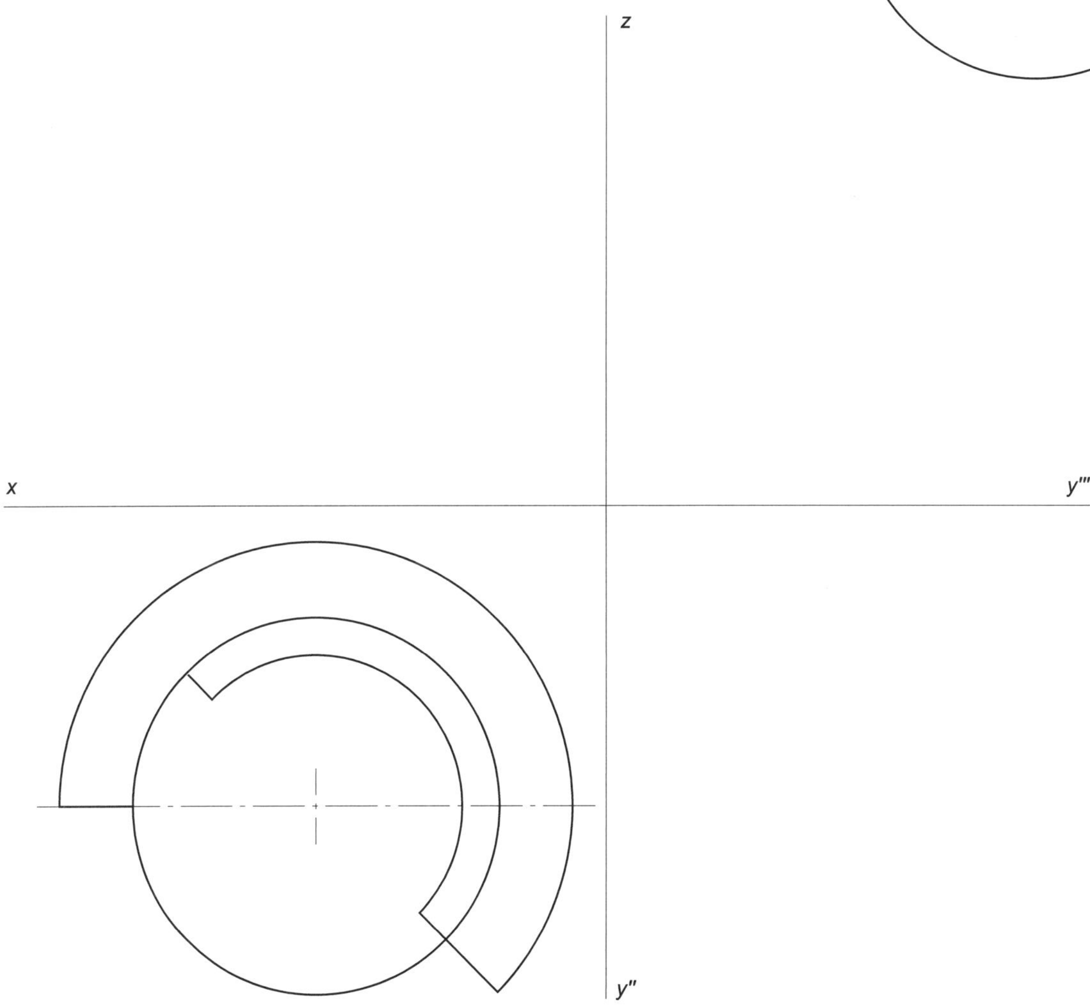

PROIEZIONI ORTOGONALI	Scuola	Classe	Data
	Allievo	Scala	13

Completa la proiezione ortogonale dell'oggetto qui rappresentato.
Ricava le dimensioni mancanti dall'assonometria.

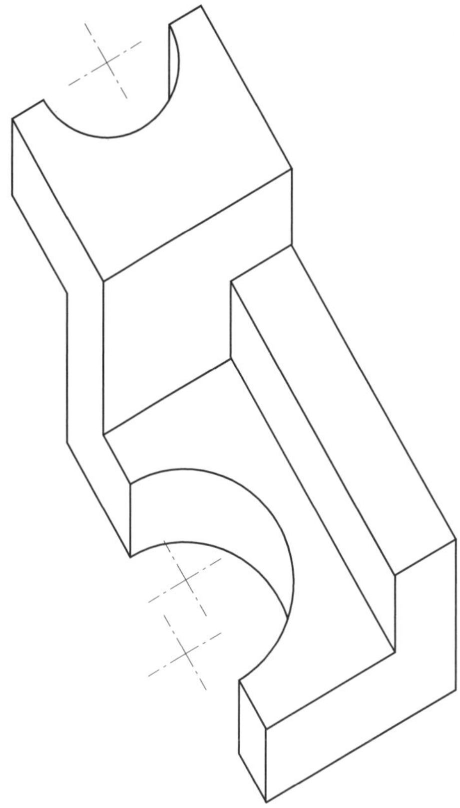

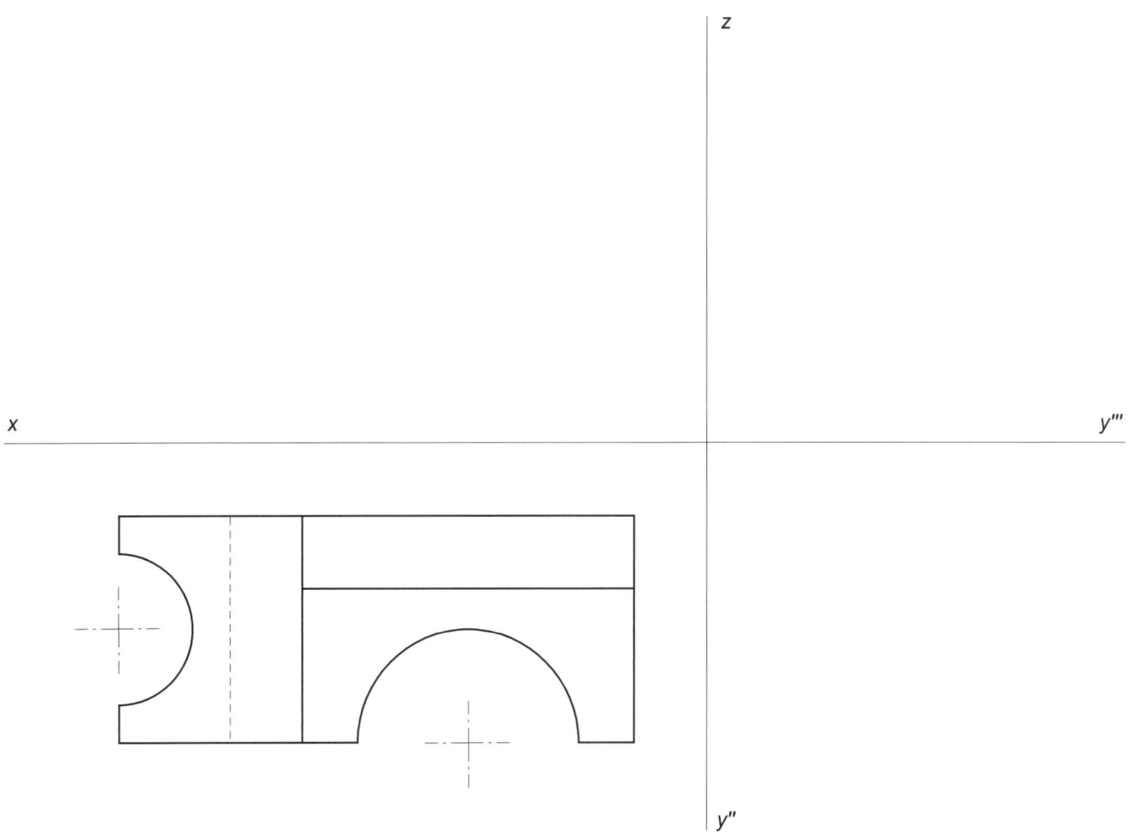

PROIEZIONI ORTOGONALI	Scuola	Classe	Data
	Allievo	Scala	14

Completa le proiezioni ortogonali dei gruppi di solidi qui riportati.

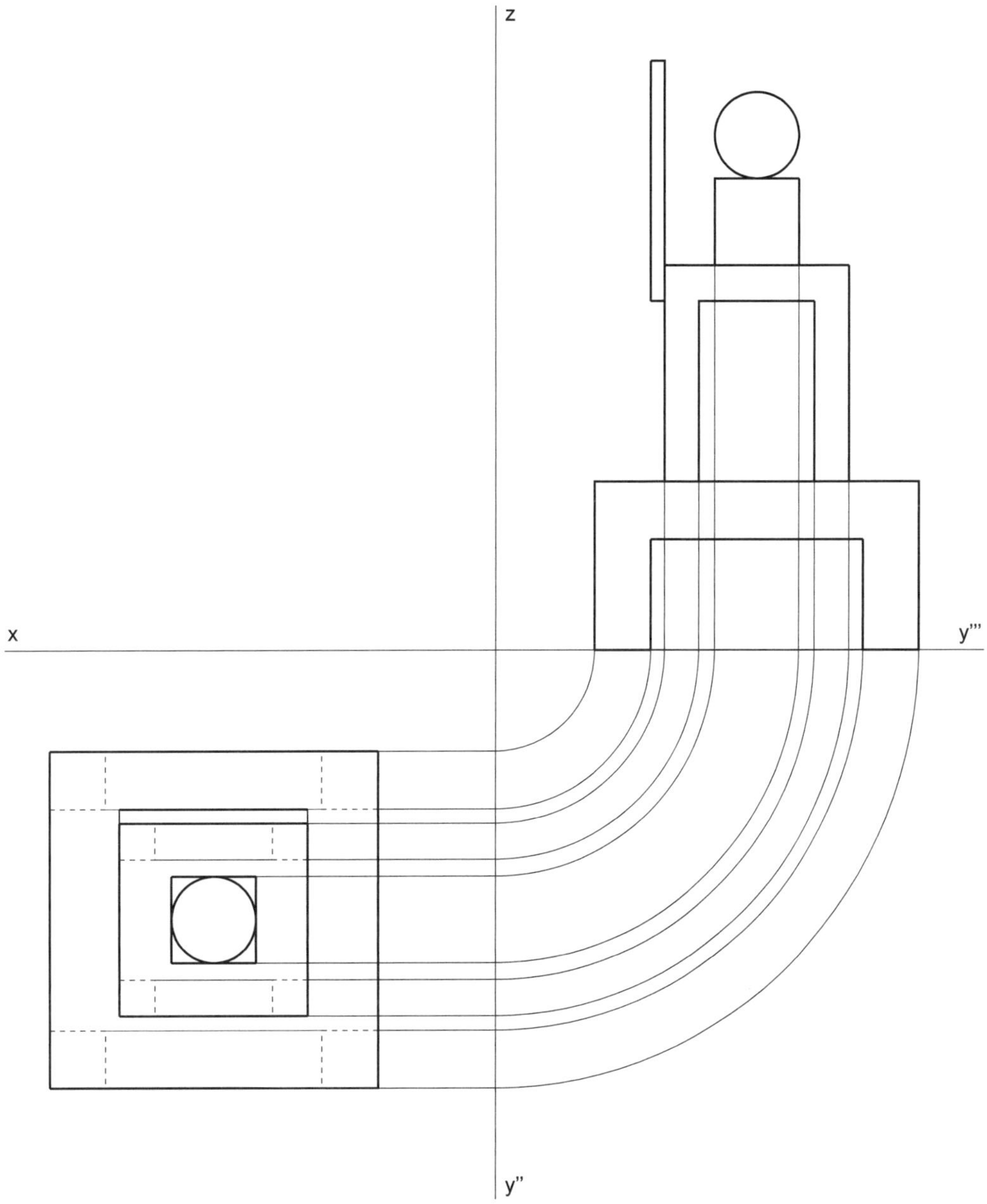

PROIEZIONI ORTOGONALI	Scuola	Classe	Data
	Allievo	Scala	15

Applicando il metodo delle rotazioni successive, completa le proiezioni ortogonali di un solido con l'asse verticale inclinato di 60° rispetto al P.O. e la base inclinata di 45° rispetto al P.V.

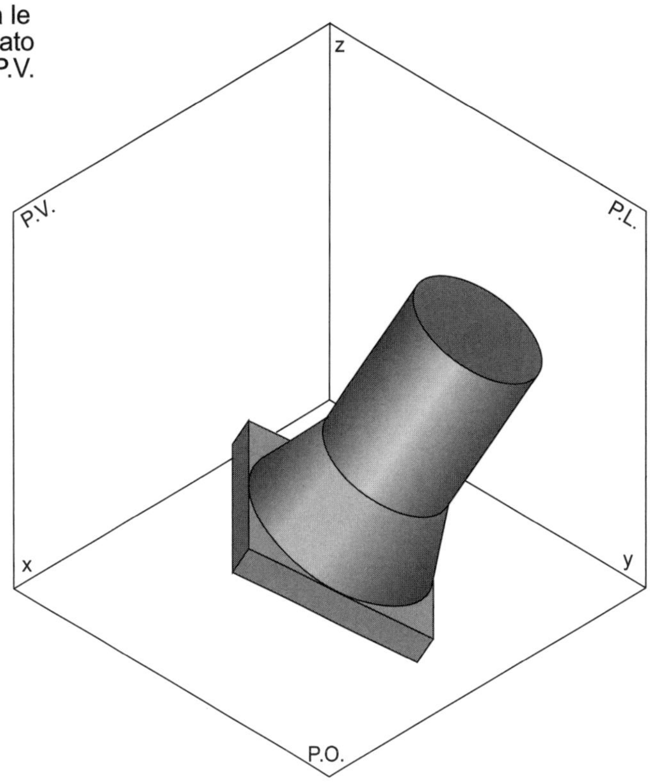

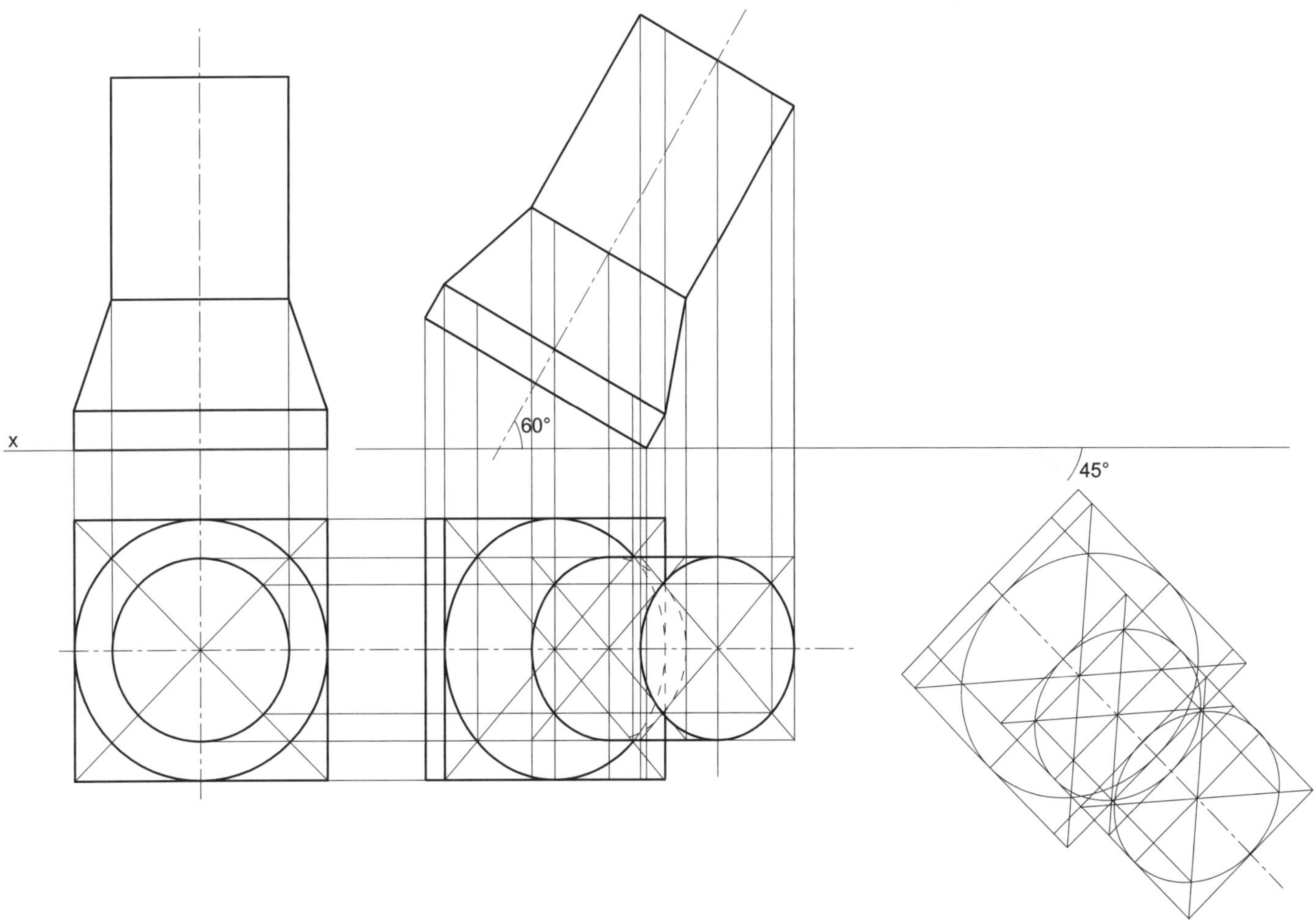

PROIEZIONI ORTOGONALI	Scuola	Classe	Data
	Allievo	Scala	16

Completa le proiezioni ortogonali del solido sezionato
e individua la vera forma della sezione.

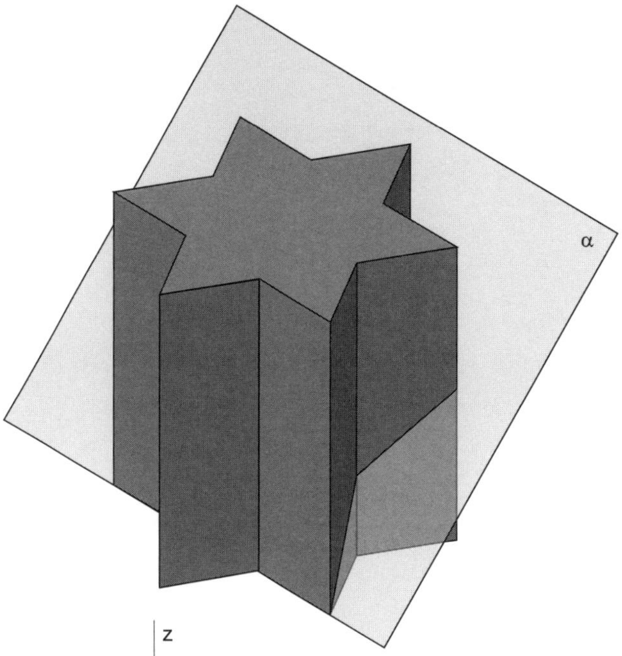

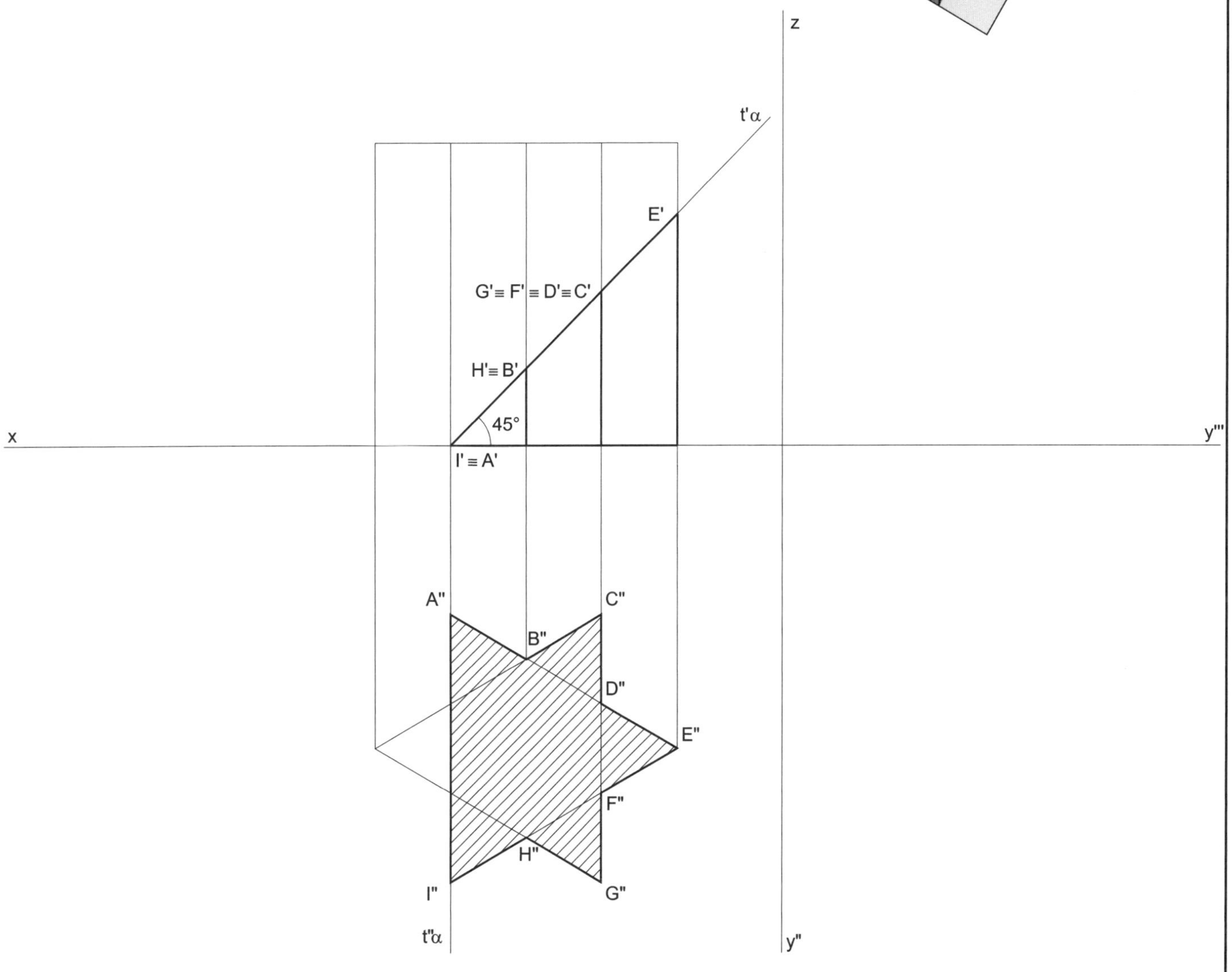

SEZIONI	Scuola	Classe	Data
	Allievo	Scala	17

Completa le proiezioni ortogonali del solido sezionato e individua la vera forma della sezione.

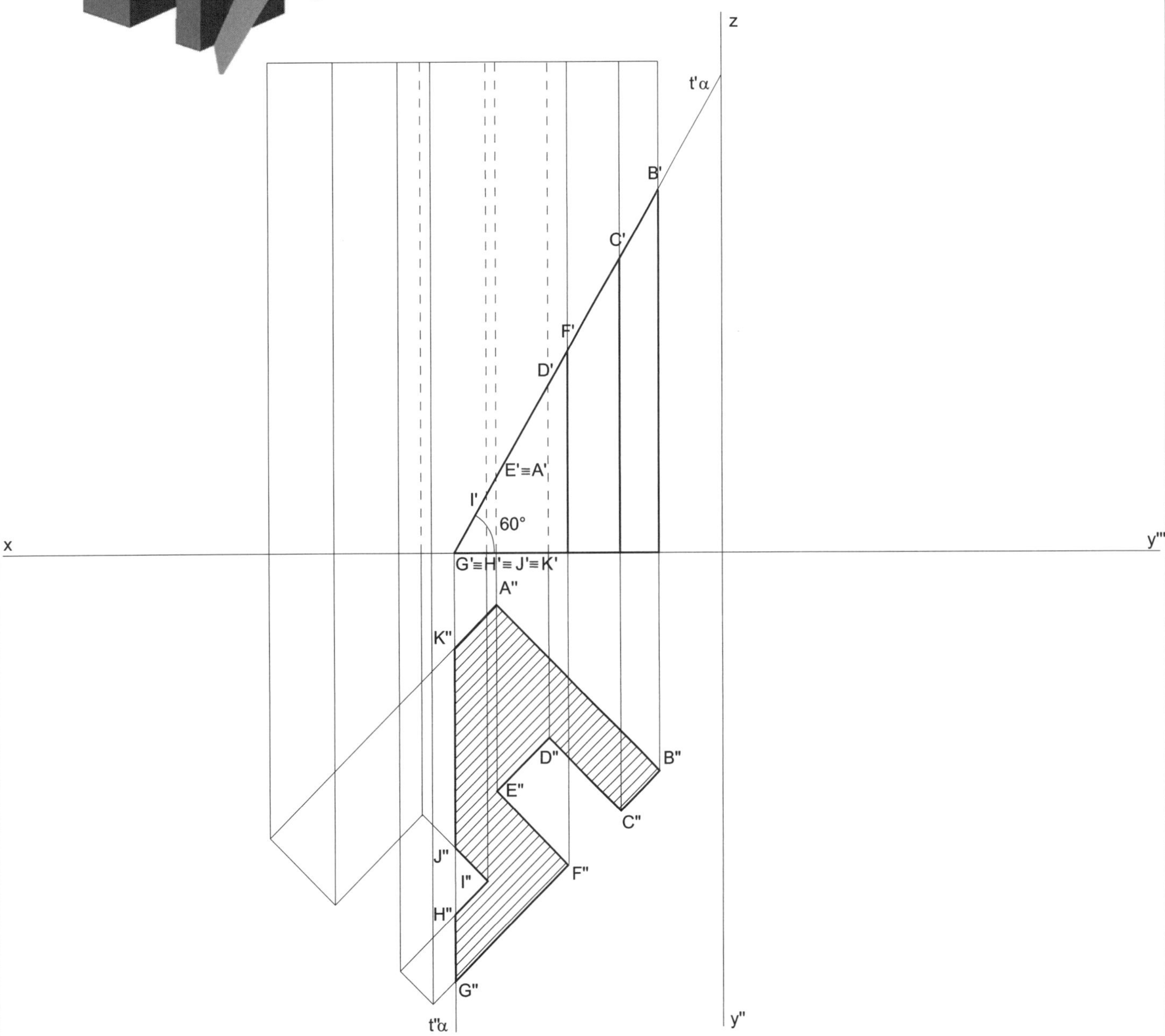

SEZIONI	Scuola	Classe	Data
	Allievo	Scala	18

Completa le proiezioni ortogonali del solido sezionato e individua la vera forma della sezione.

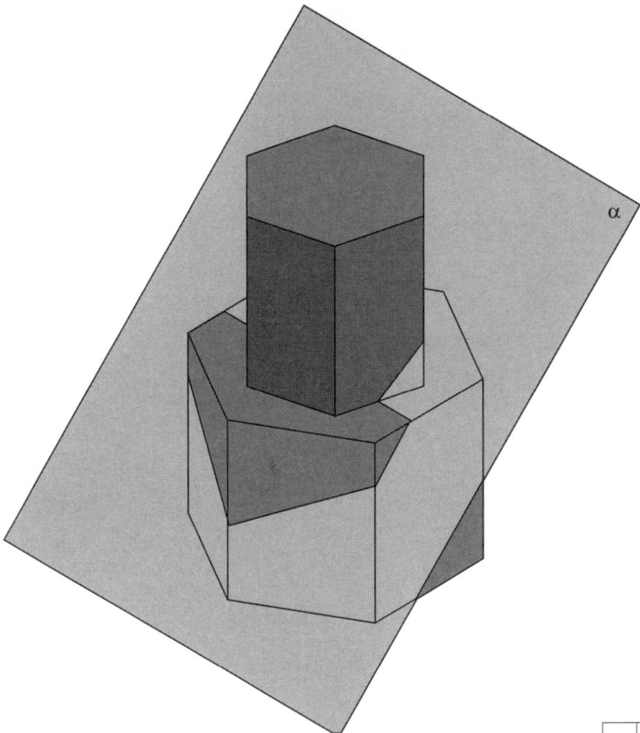

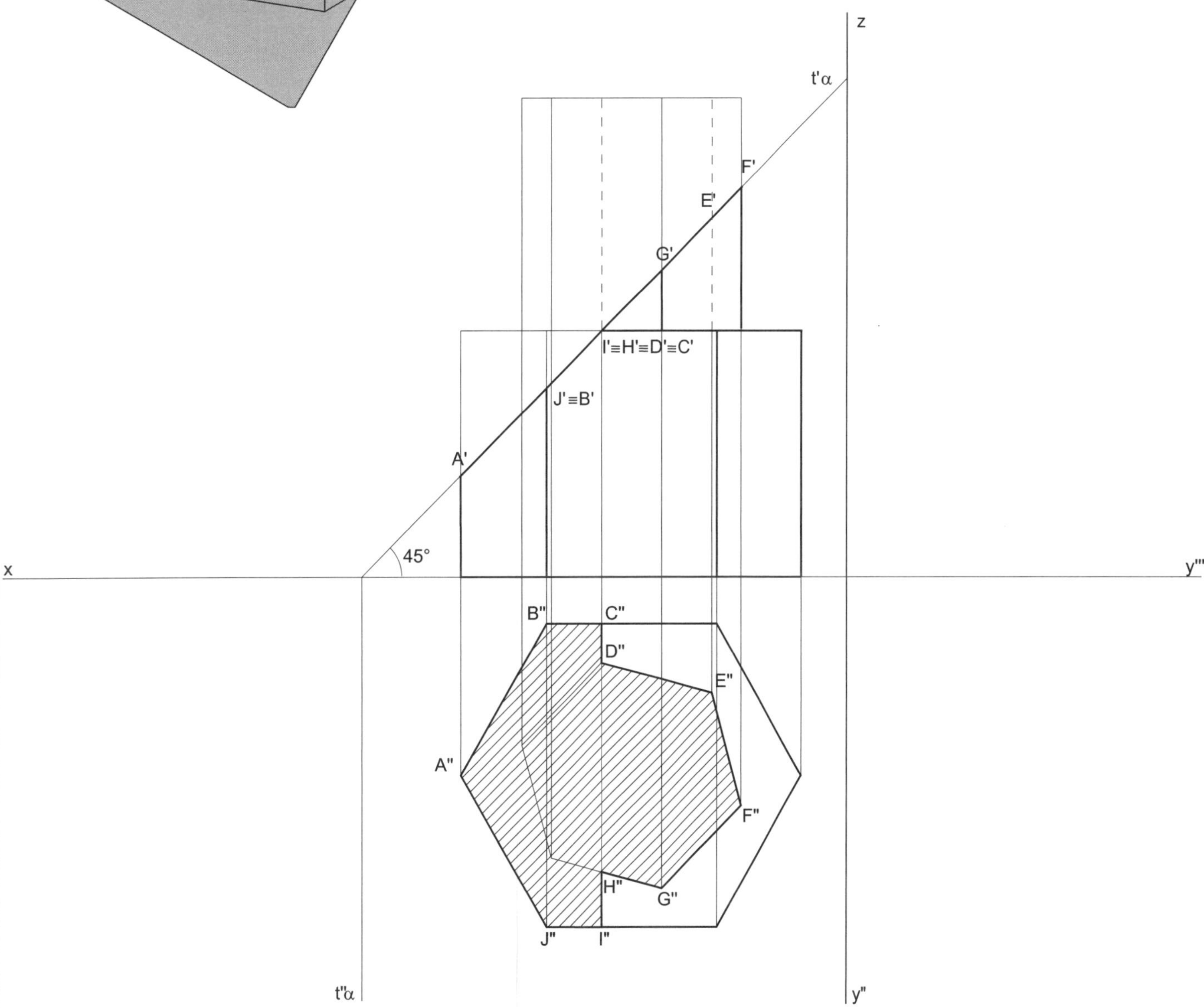

SEZIONI	Scuola	Classe	Data
	Allievo	Scala	19

Completa le proiezioni ortogonali della sezione di un cilindro sormontato da un cono sezionati da un piano α perpendicolare al P.V. e inclinato di 60° rispetto al P.O. e trova la vera forma della sezione.
Utilizza per il cilindro il metodo delle generatrici e per il cono quello dei piani secanti.

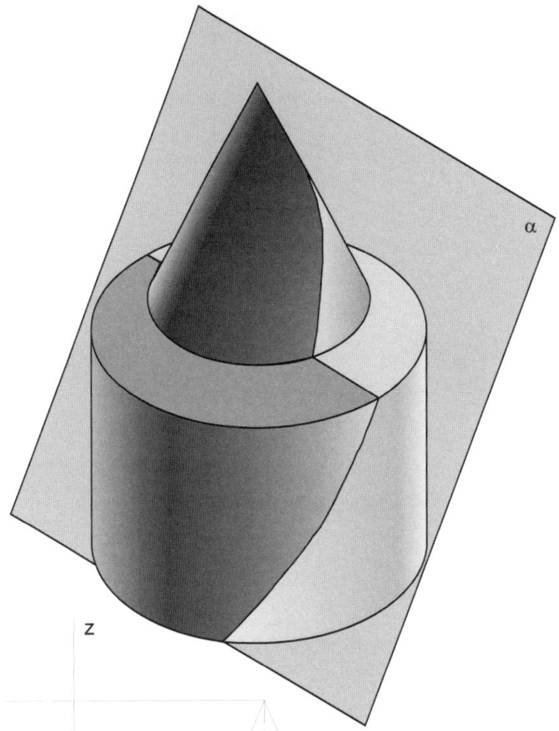

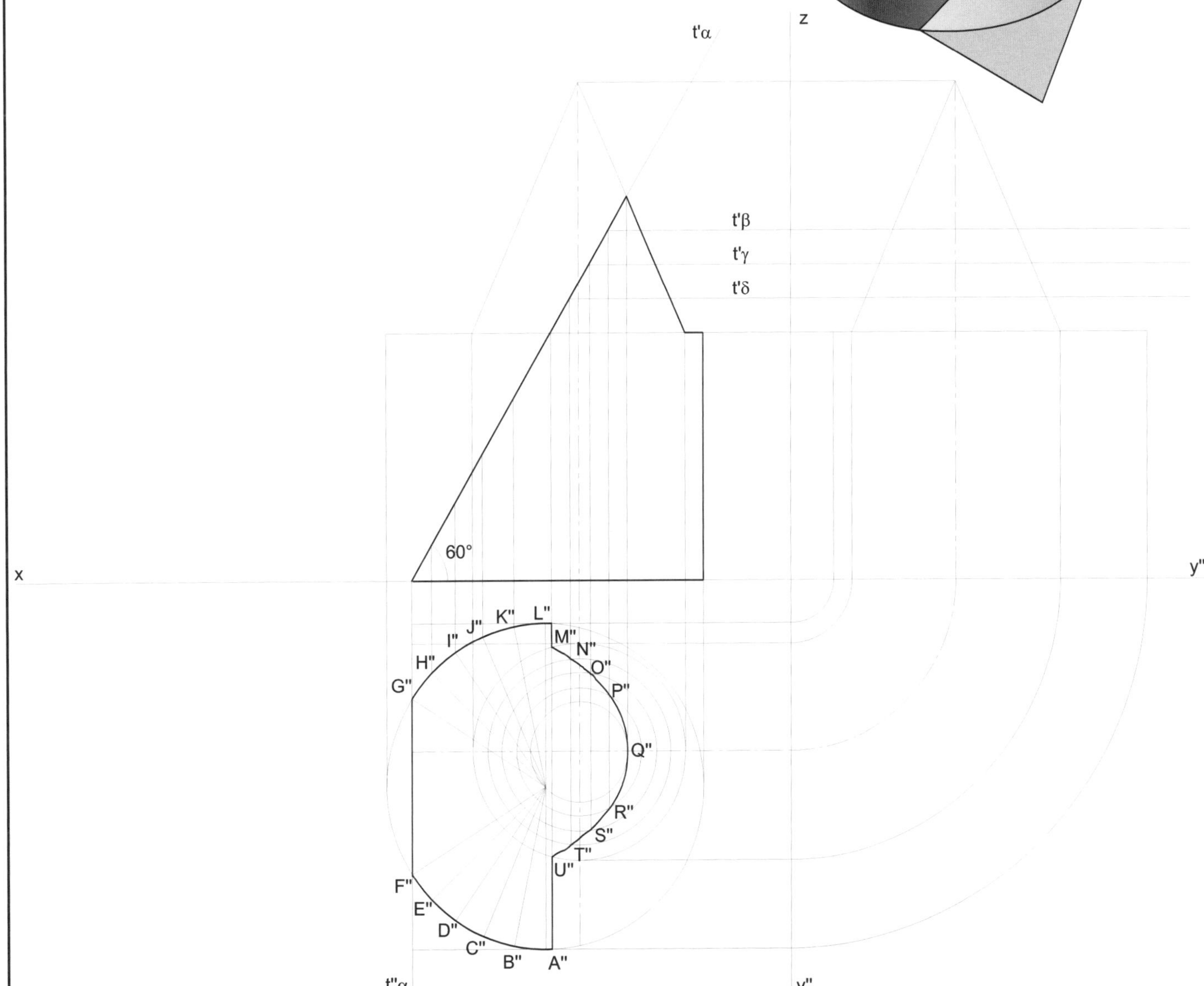

SEZIONI	Scuola	Classe	Data
	Allievo	Scala	20

Disegna il profilo altimetrico secondo la linea di sezione tracciata, derivante dalla rappresentazione mediante le curve di livello.
Ad ogni isoipsa corrisponde un dislivello di 20 metri.

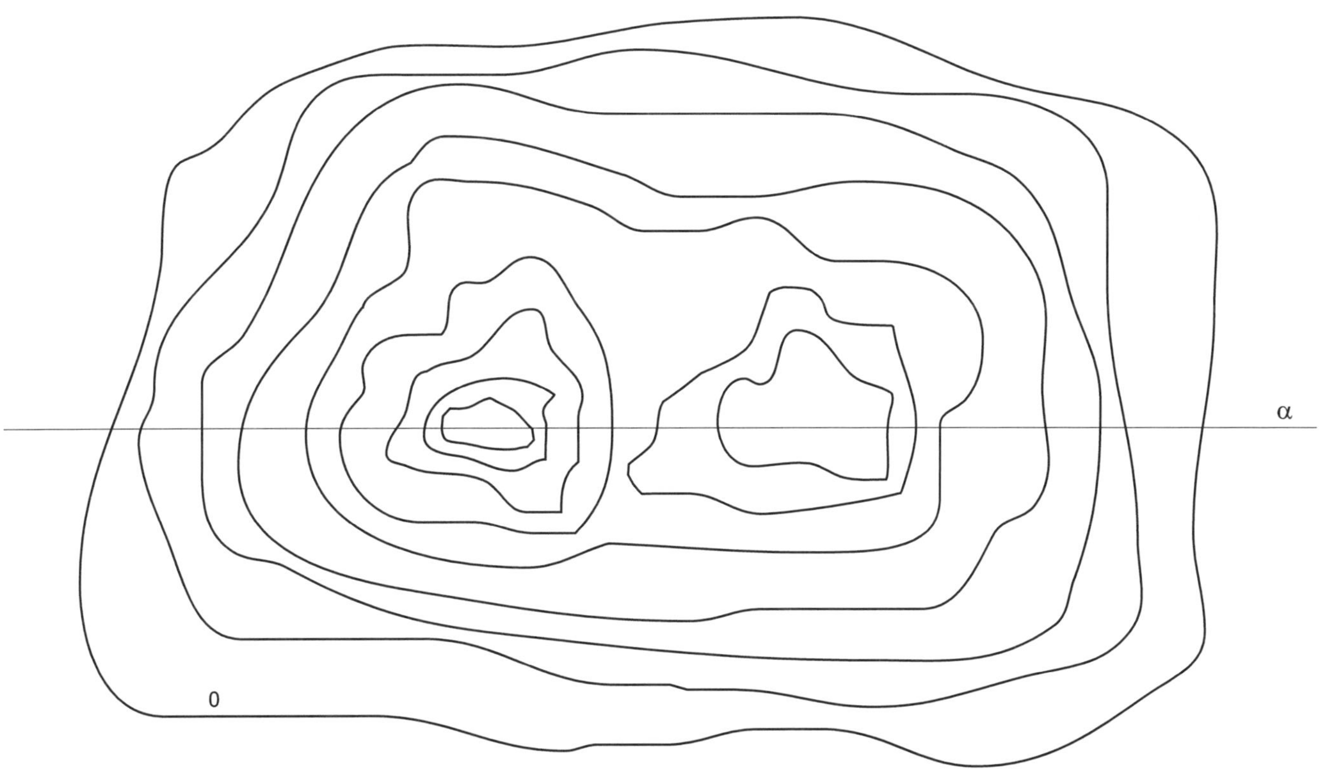

CURVE DI LIVELLO	Scuola	Classe	Data
	Allievo	Scala	21

Completa le proiezioni e individua l'intersezione del semicilindro con la superficie del cono, con il sistema dei piani ausiliari perpendicolari all'asse del cono.

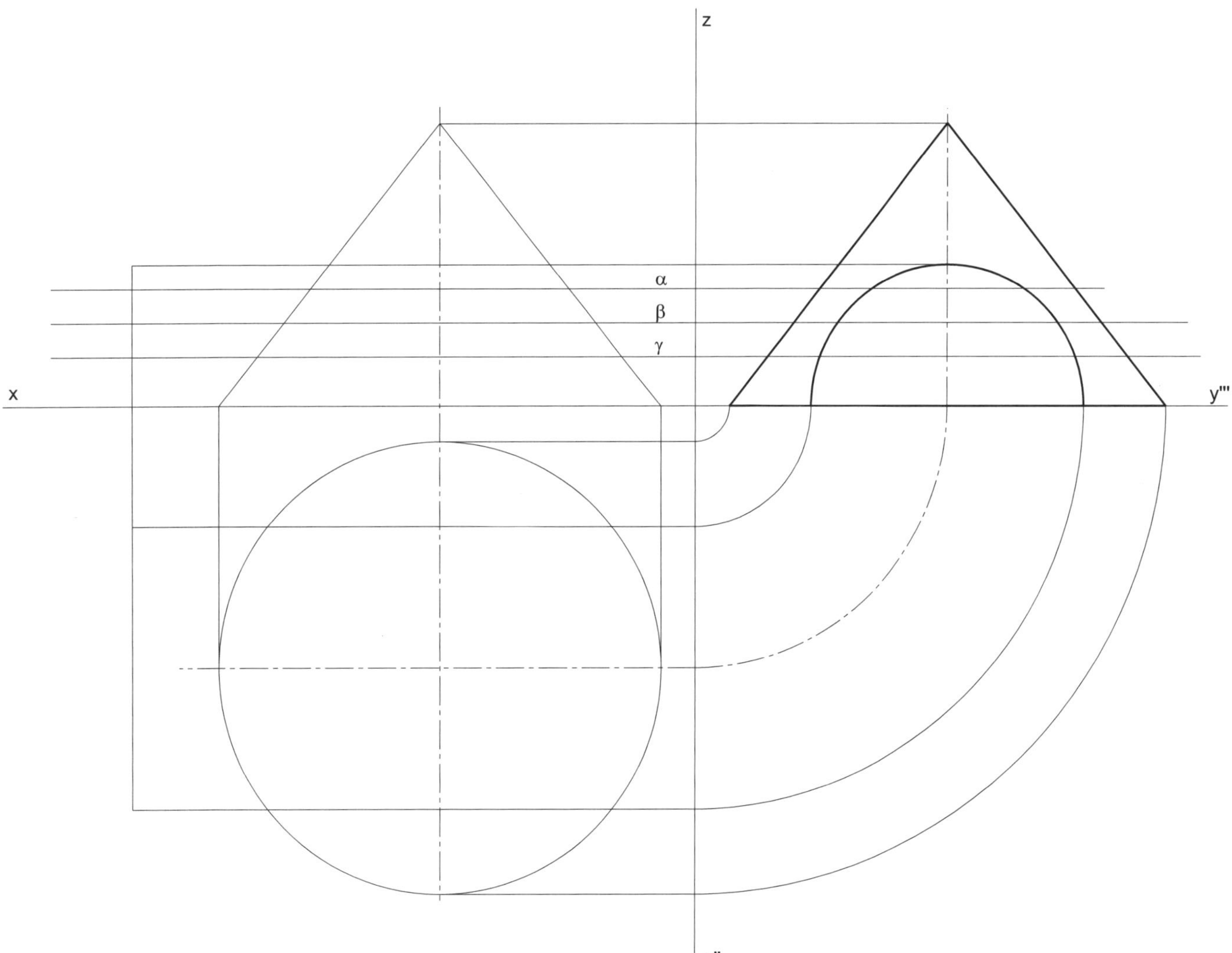

INTERSEZIONI E COMPENETRAZIONI	Scuola	Classe	Data
	Allievo	Scala	22

Completa le proiezioni e individua la compenetrazione dei solidi, usando il sistema delle generatrici del cilindro.

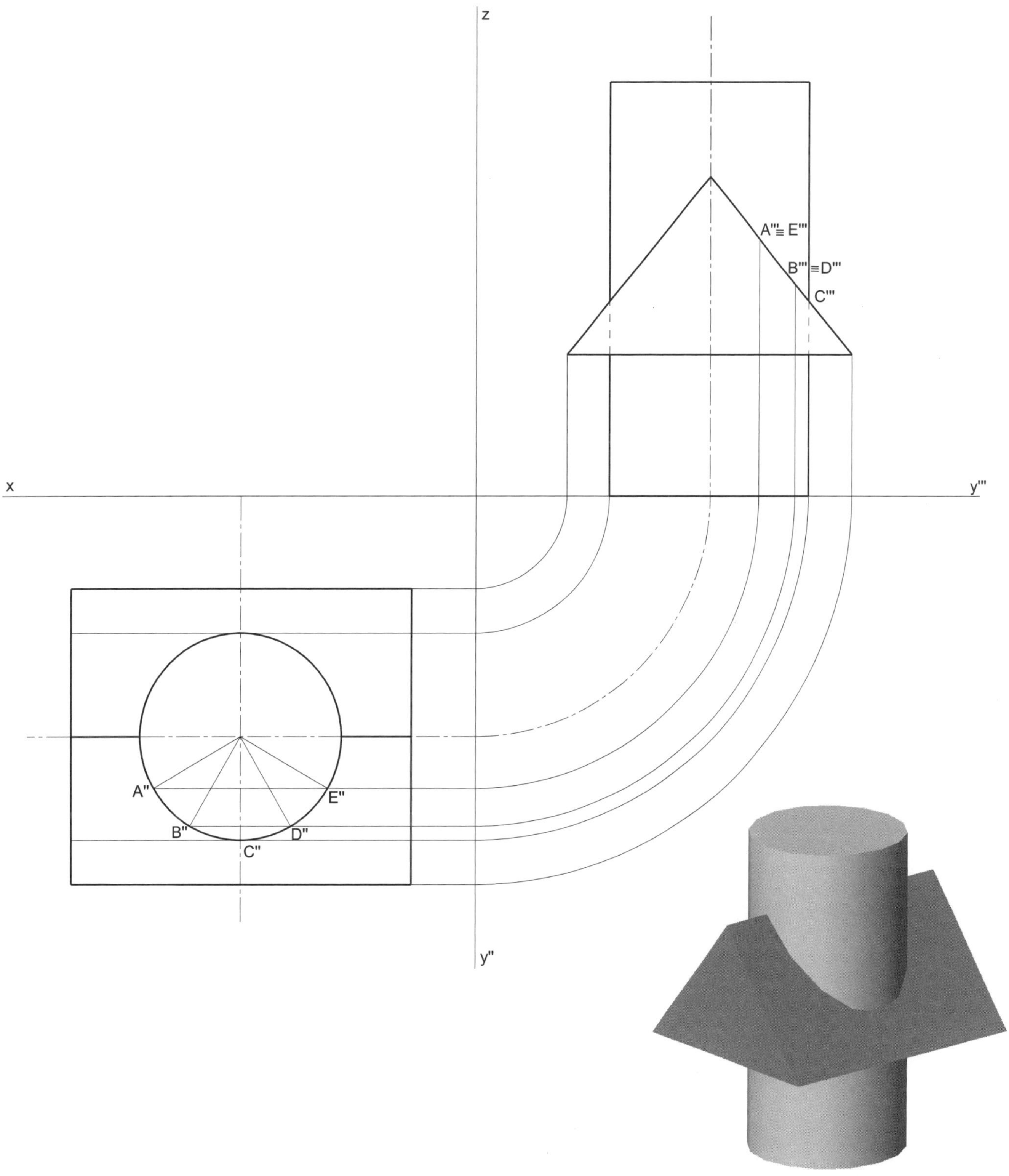

INTERSEZIONI E COMPENETRAZIONI	Scuola	Classe	Data
	Allievo	Scala	23

Disegna in assonometria ortogonale isometrica l'oggetto qui rappresentato in proiezioni ortogonali.
Mantieni le stesse misure.

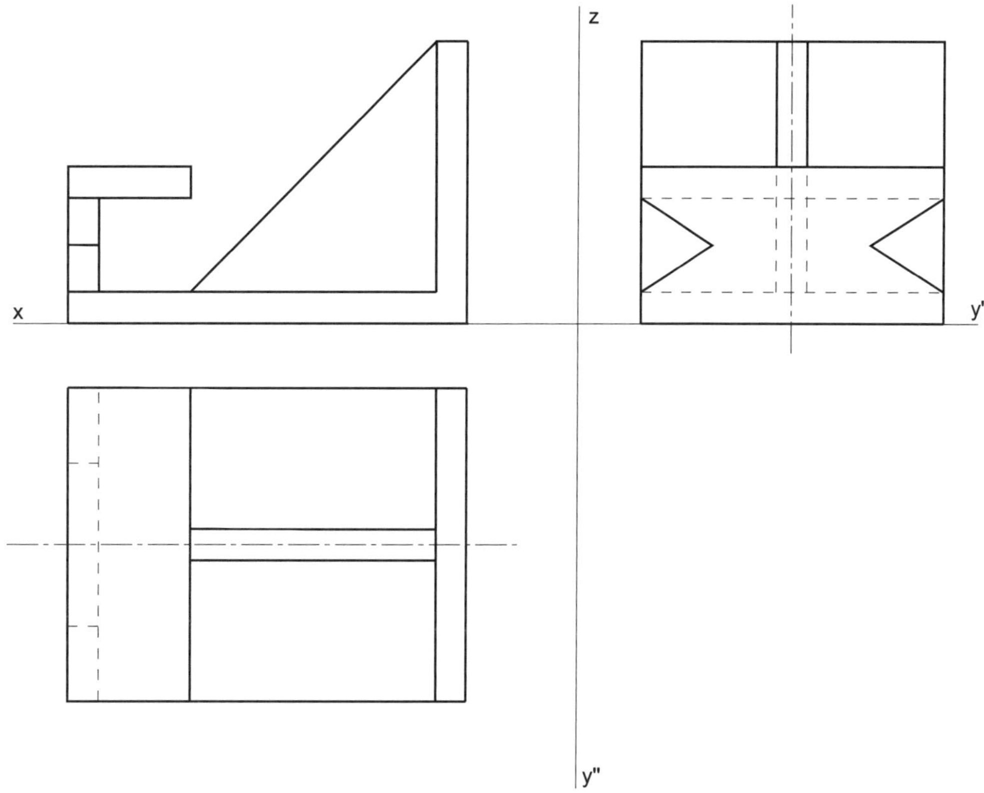

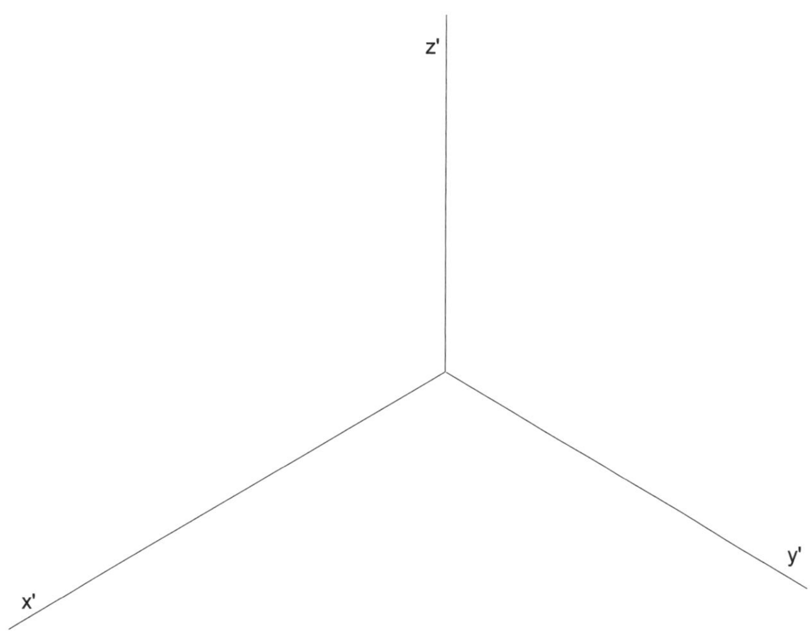

ASSONOMETRIA	Scuola	Classe	Data
	Allievo	Scala	24

Disegna in assonometria ortogonale isometrica l'oggetto qui rappresentato in proiezioni ortogonali.
Mantieni le stesse misure.

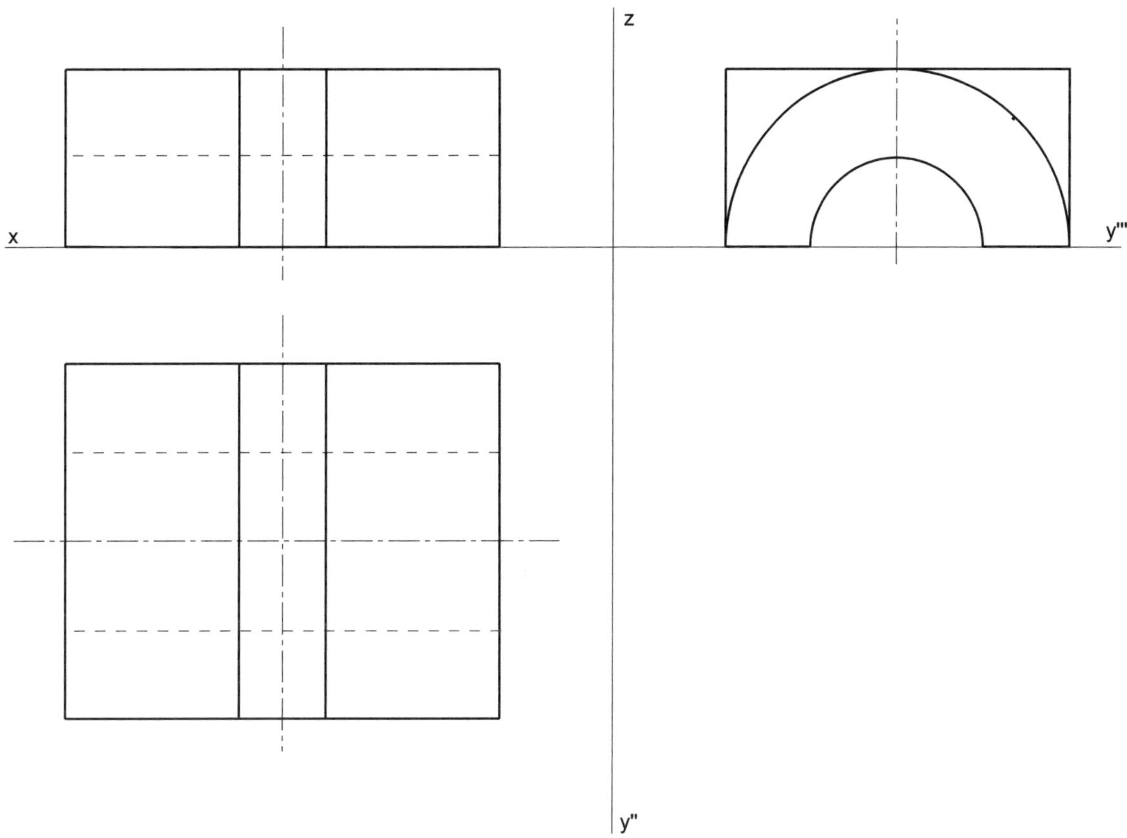

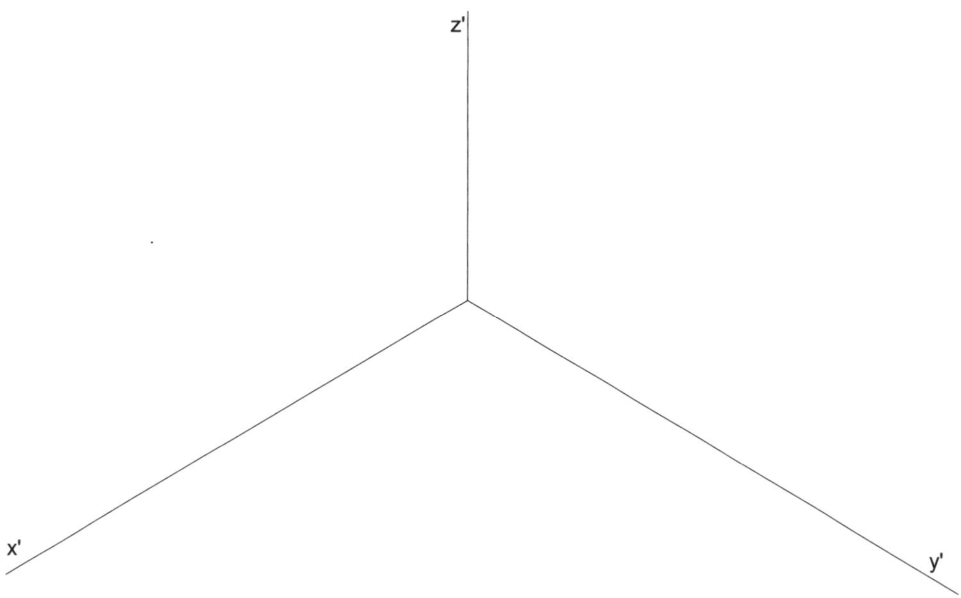

ASSONOMETRIA	Scuola	Classe	Data
	Allievo	Scala	25

Dato questo oggetto in proiezioni ortogonali, disegnalo in assonometria ortogonale isometrica mantenendo le stesse dimensioni.

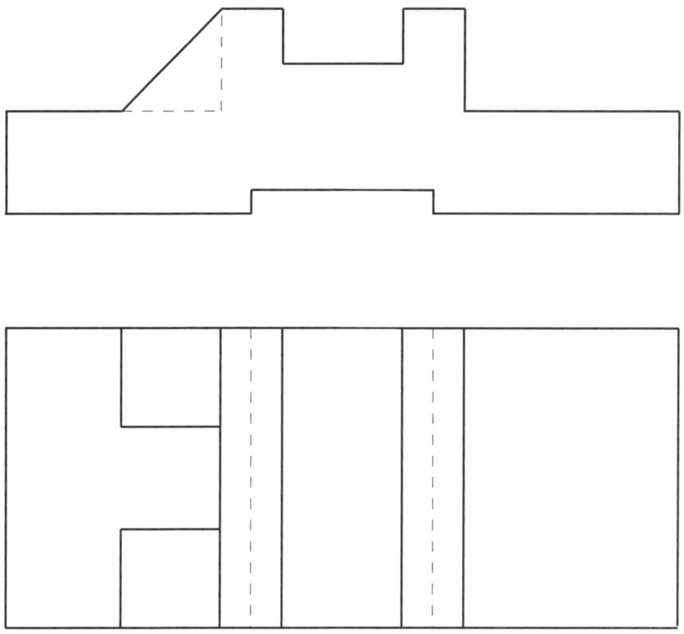

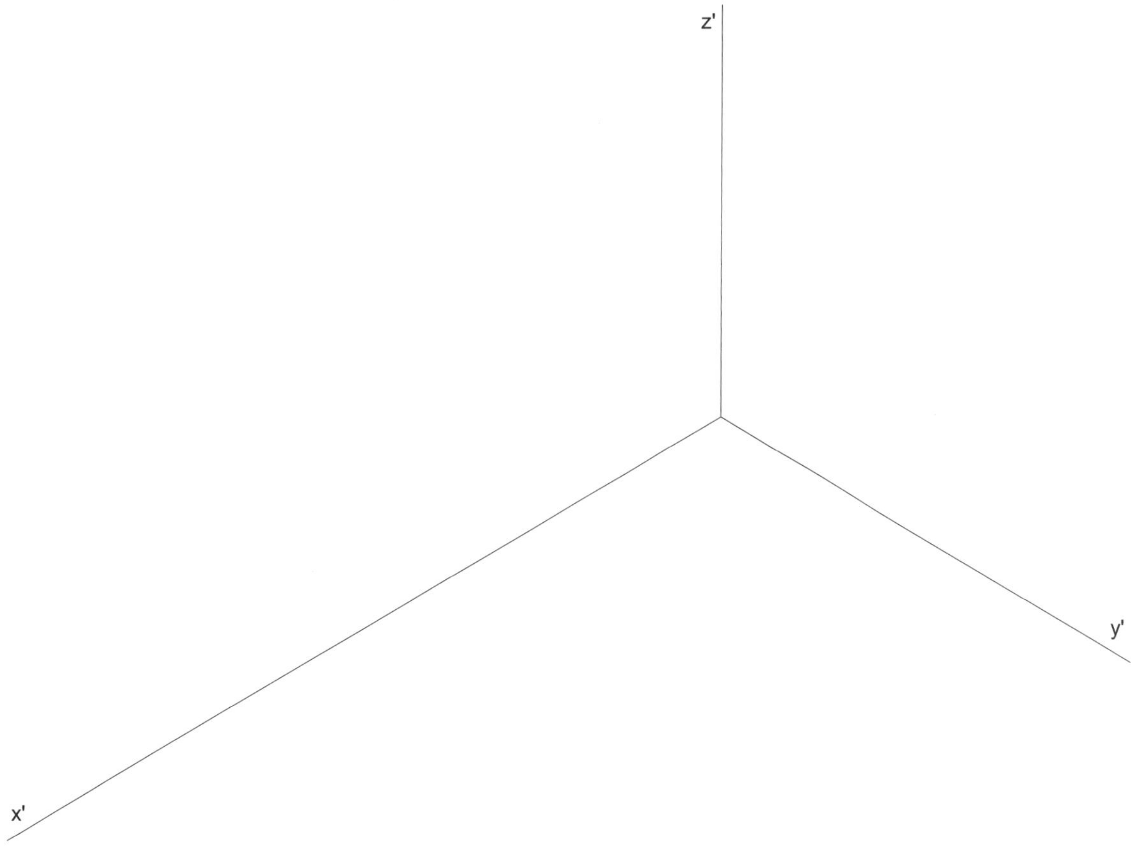

ASSONOMETRIA	Scuola	Classe	Data
	Allievo	Scala	26

Disegna in assonometria ortogonale isometrica l'oggetto qui rappresentato in proiezioni ortogonali, raddoppiando le dimensioni.

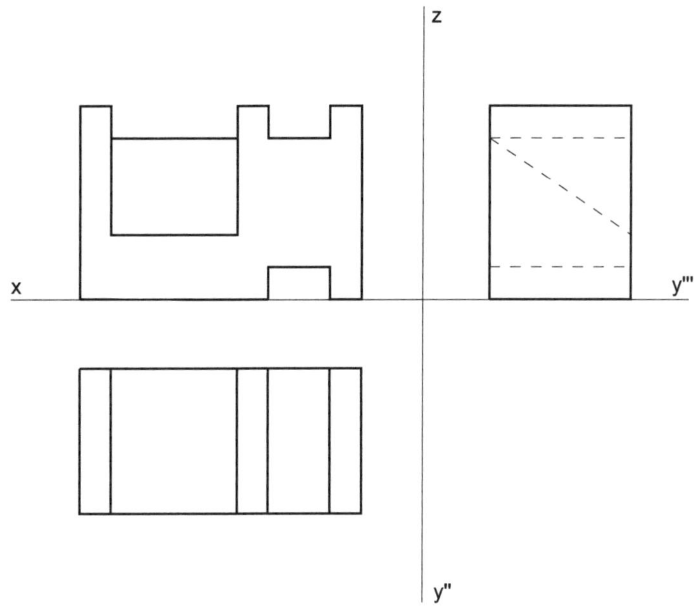

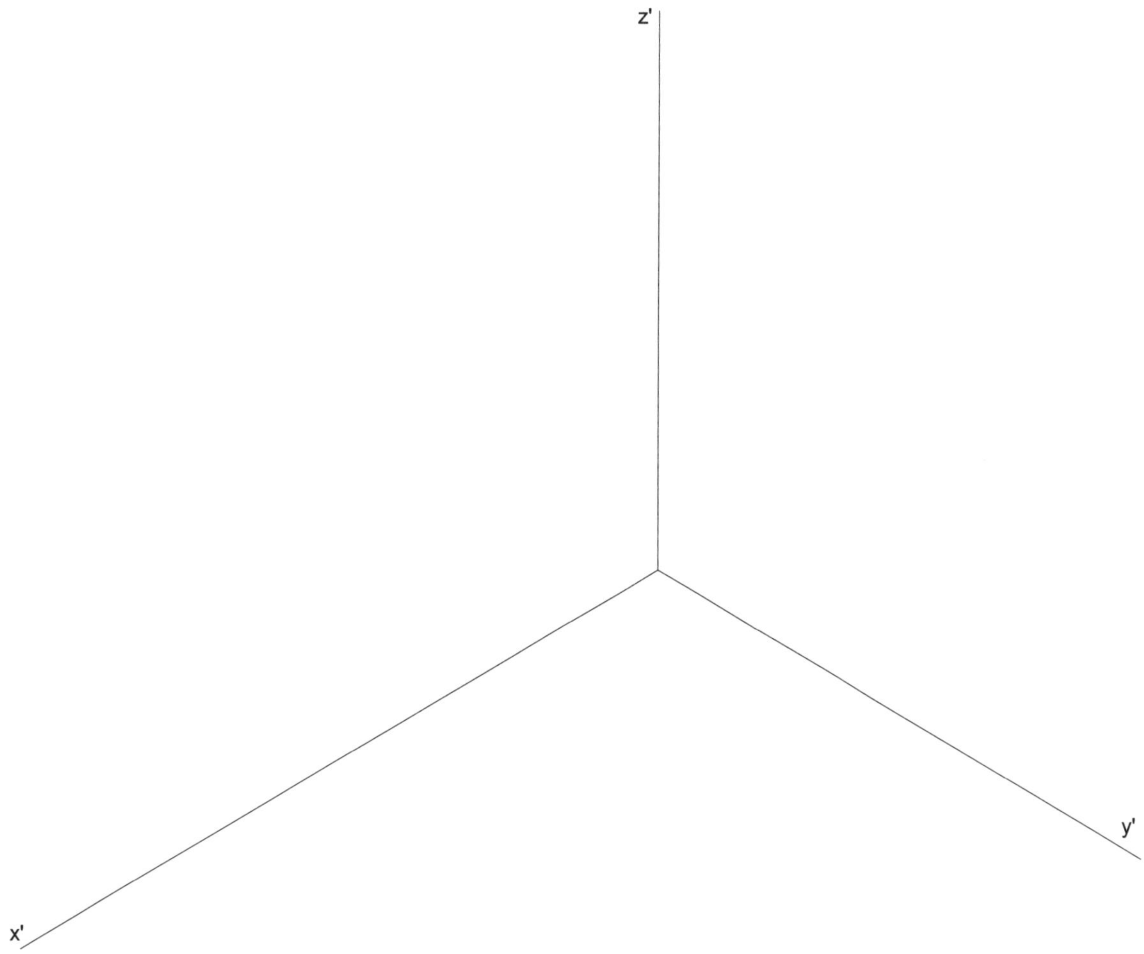

ASSONOMETRIA	Scuola	Classe	Data
	Allievo	Scala	27

Disegna in assonometria planometrica l'oggetto qui rappresentato in proiezioni ortogonali, raddoppiando le dimensioni.

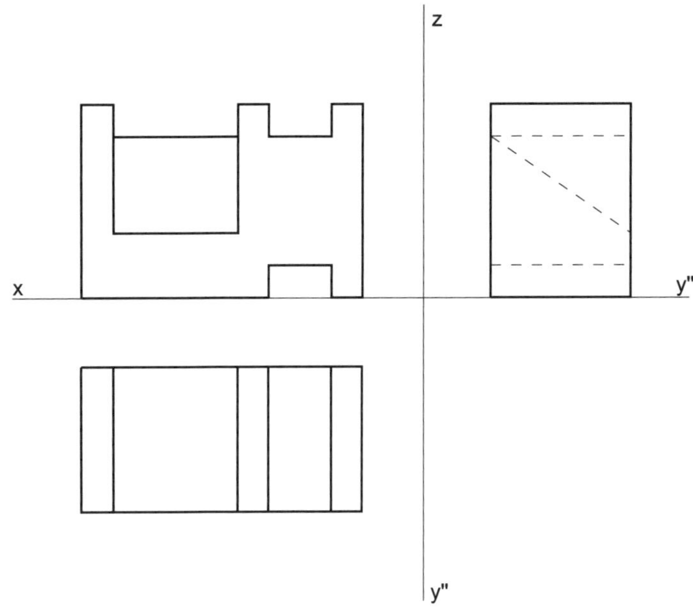

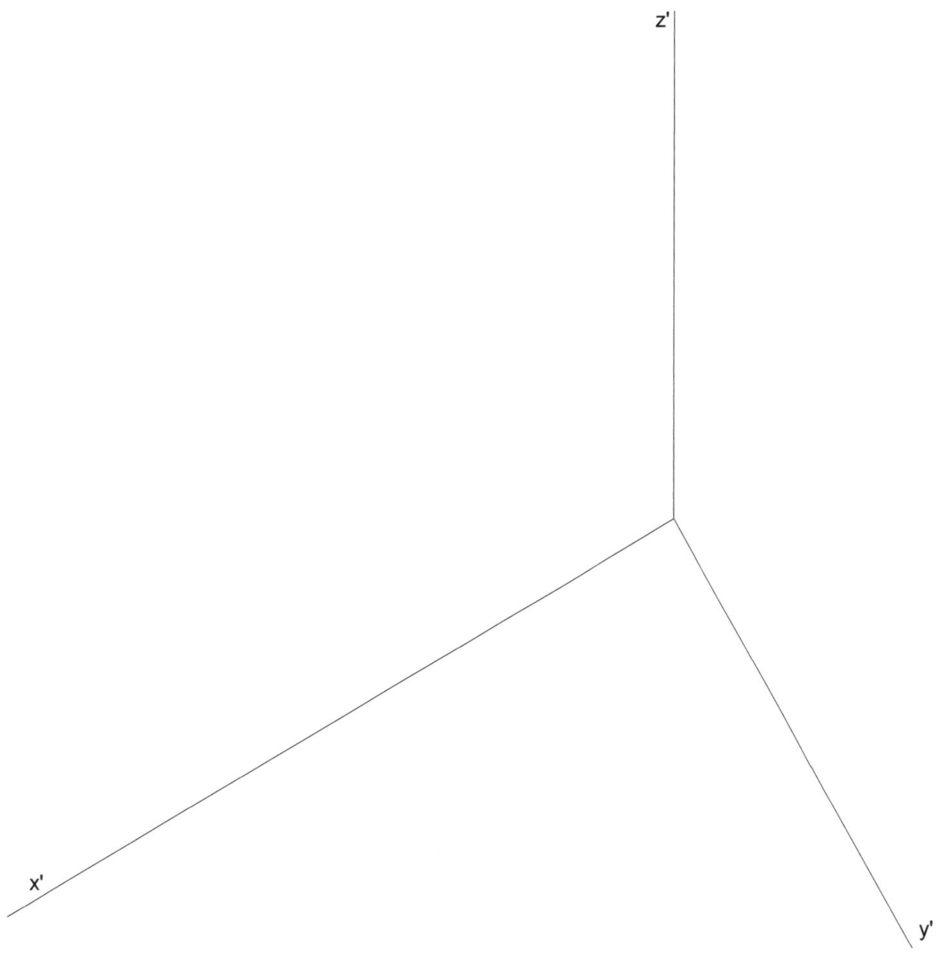

ASSONOMETRIA	Scuola	Classe	Data
	Allievo	Scala	28

Disegna in assonometria ortogonale isometrica
l'oggetto qui rappresentato in proiezioni ortogonali,
raddoppiando le dimensioni.

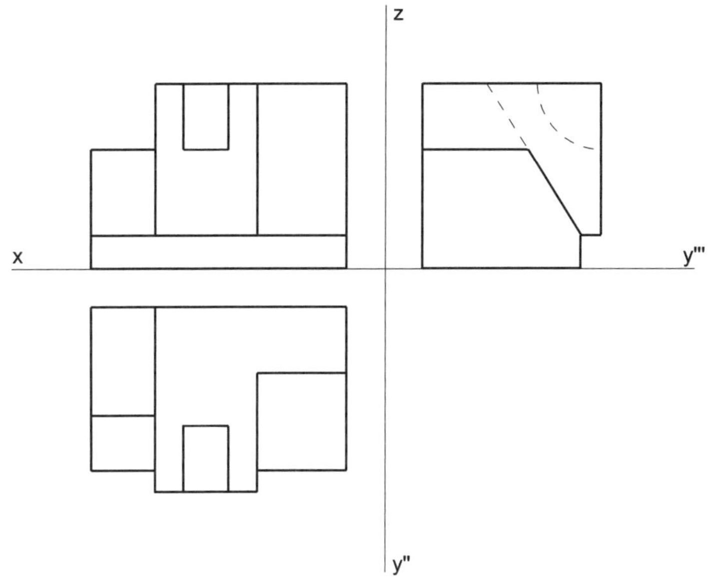

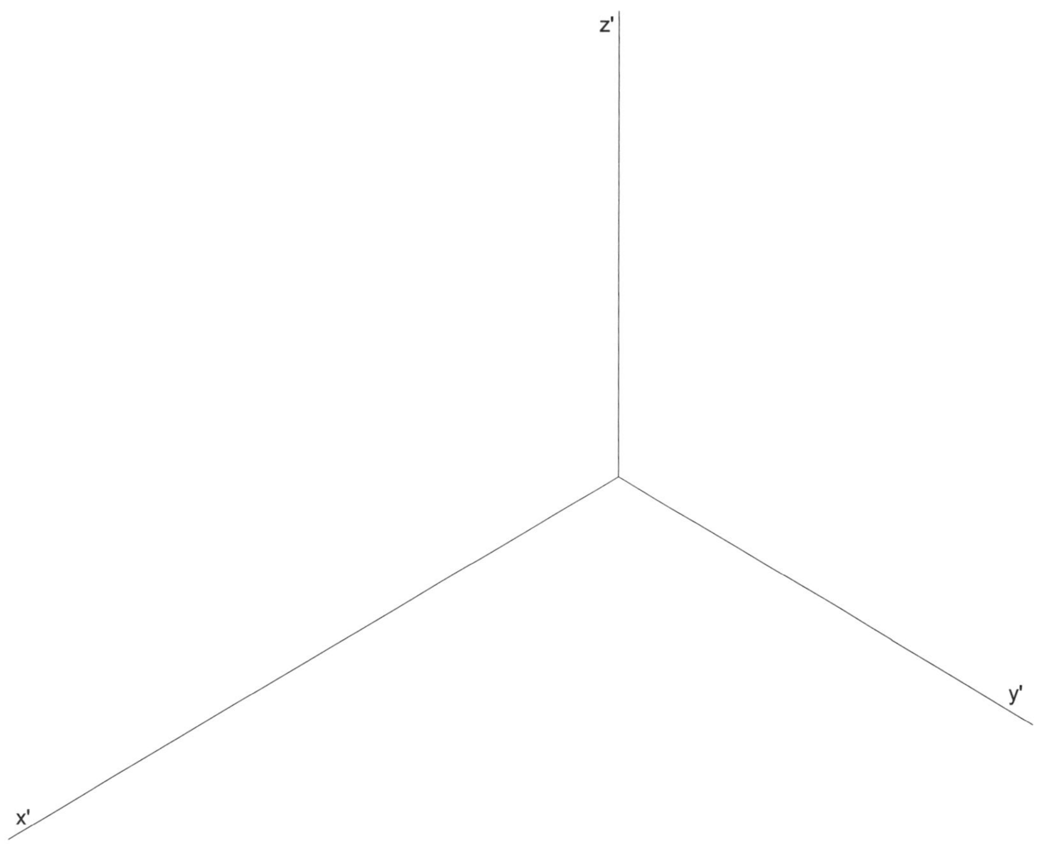

ASSONOMETRIA	Scuola	Classe	Data
	Allievo	Scala	29

Disegna in assonometria planometrica l'oggetto qui rappresentato in proiezioni ortogonali, raddoppiando le dimensioni.

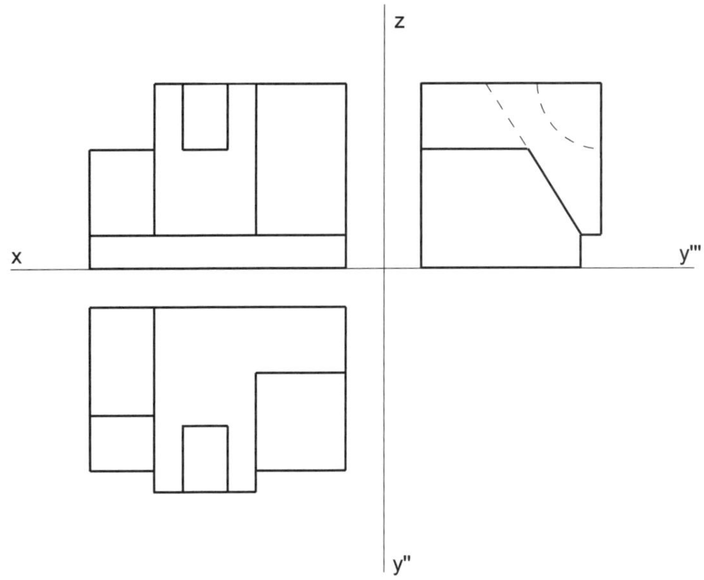

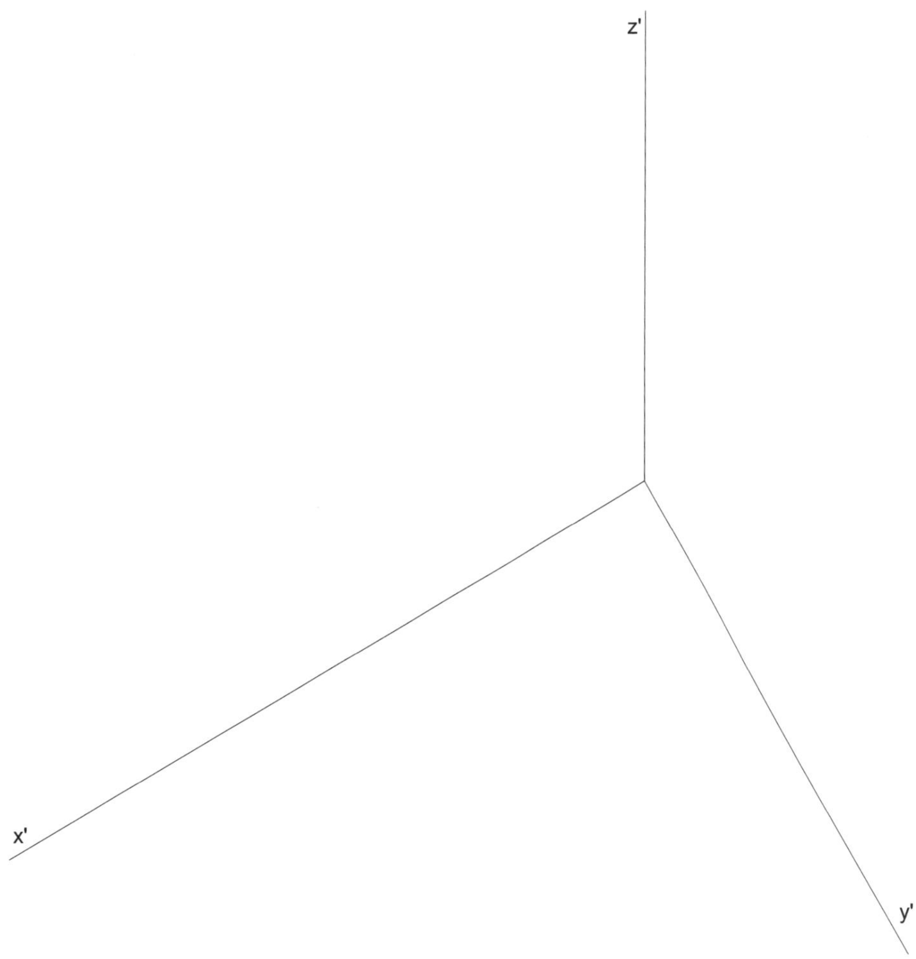

ASSONOMETRIA	Scuola	Classe	Data
	Allievo	Scala	30

Disegna in assonometria planometrica l'oggetto qui rappresentato in proiezioni ortogonali, raddoppiando le dimensioni.

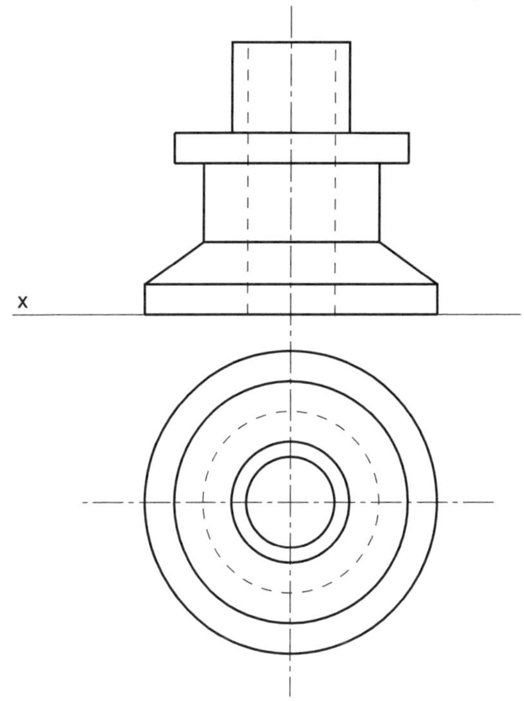

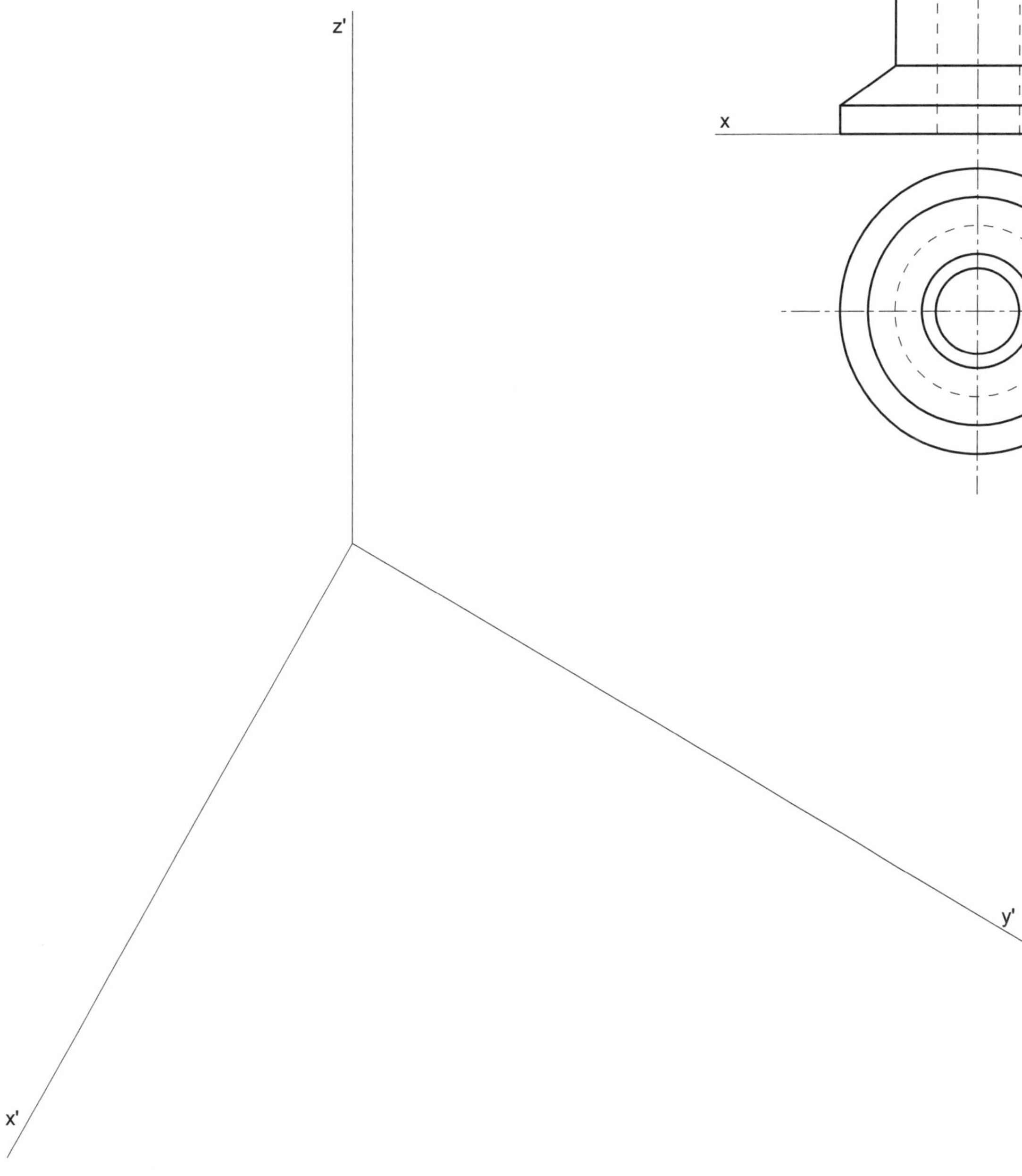

ASSONOMETRIA	Scuola	Classe	Data
	Allievo	Scala	31

Disegna in assonometria planometrica l'oggetto qui raffigurato, raddoppiando le dimensioni.

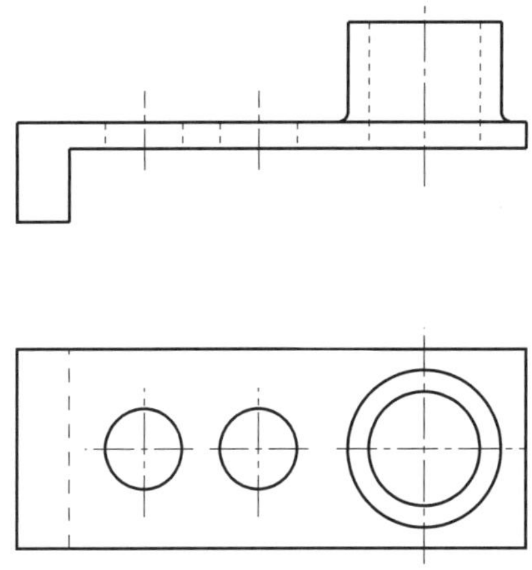

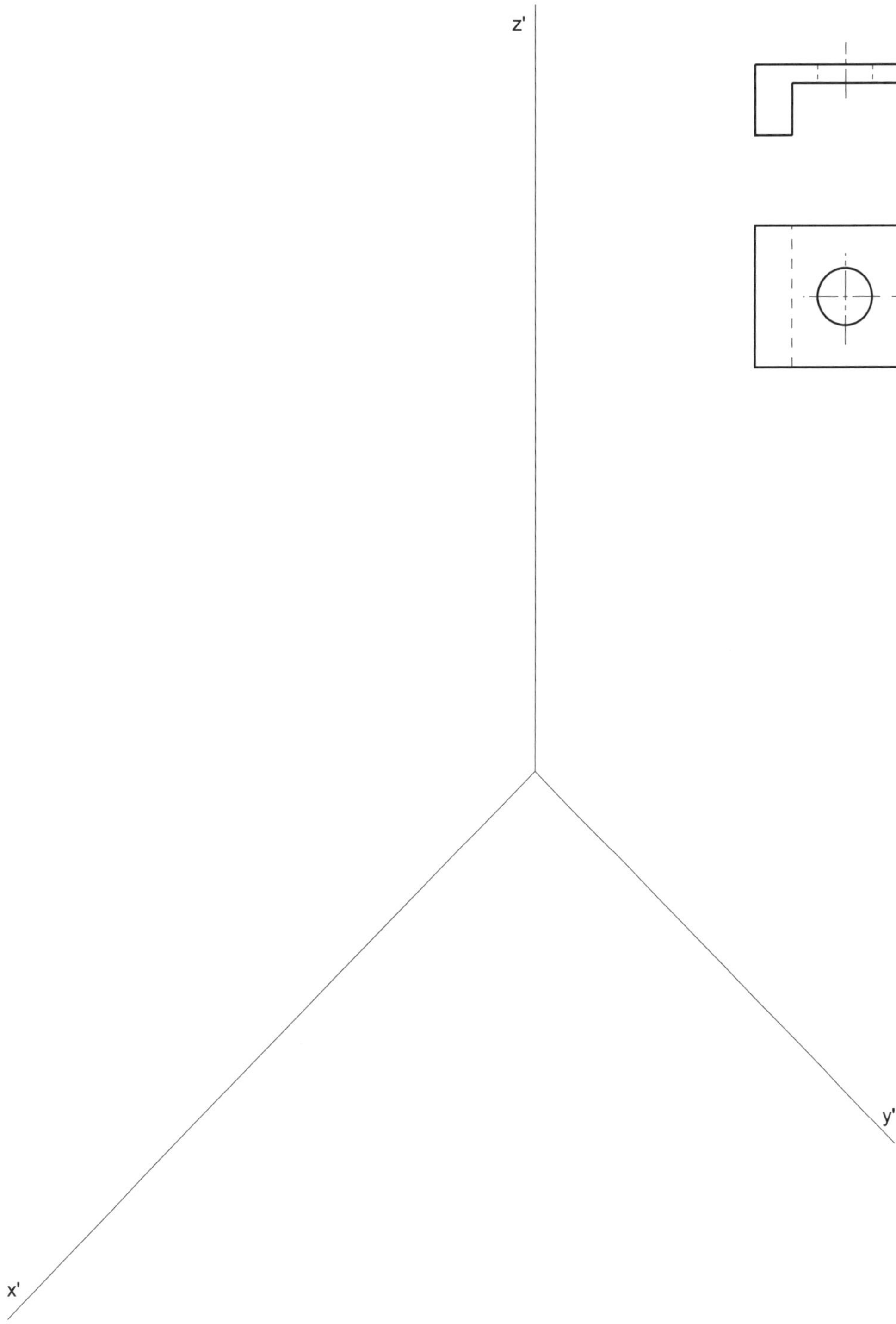

ASSONOMETRIA	Scuola	Classe	Data
	Allievo	Scala	32

Disegnare il solido in assonometria planometrica raddoppiando le dimensioni.

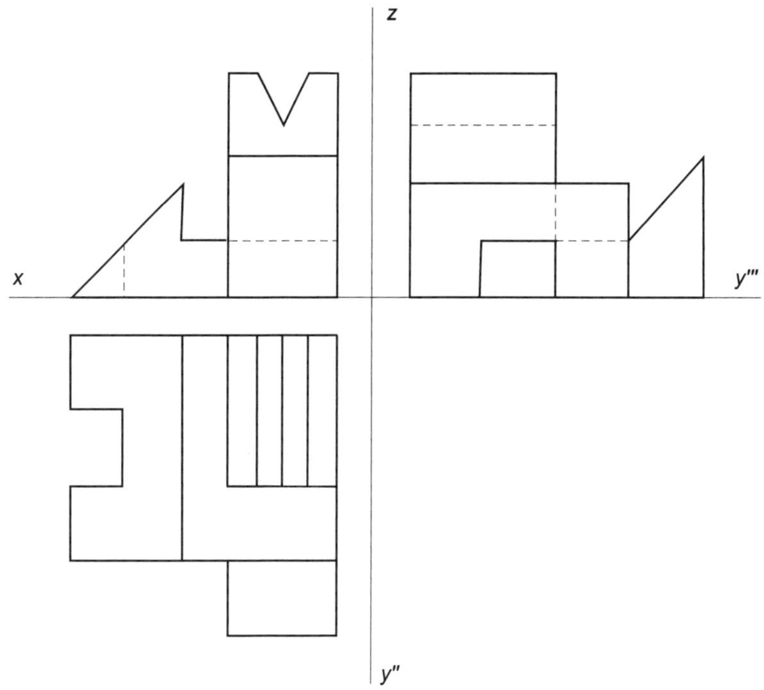

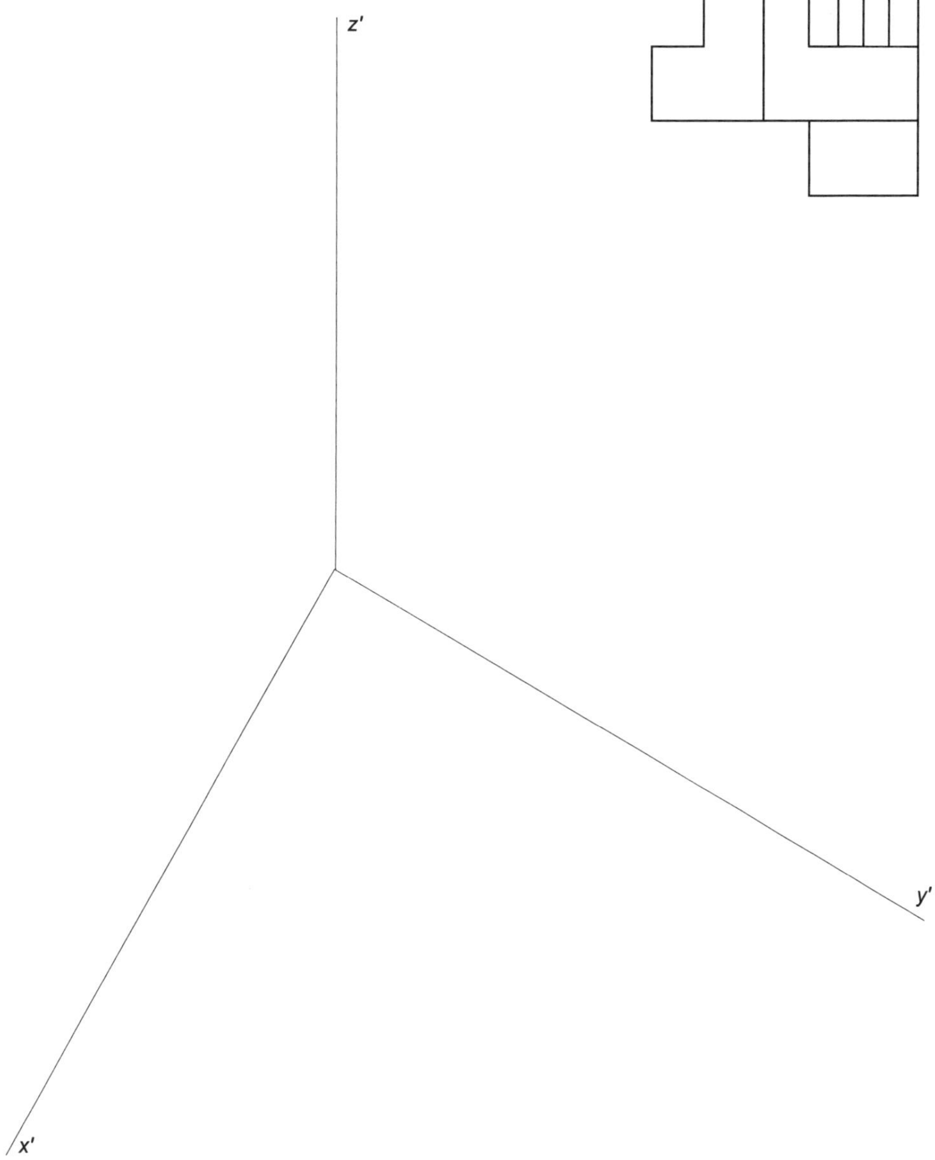

ASSONOMETRIA	Scuola	Classe	Data
	Allievo	Scala	33

Disegna in “esploso” questo edificio scomponendolo nei suoi vari volumi, mantenendo le stesse dimensioni.

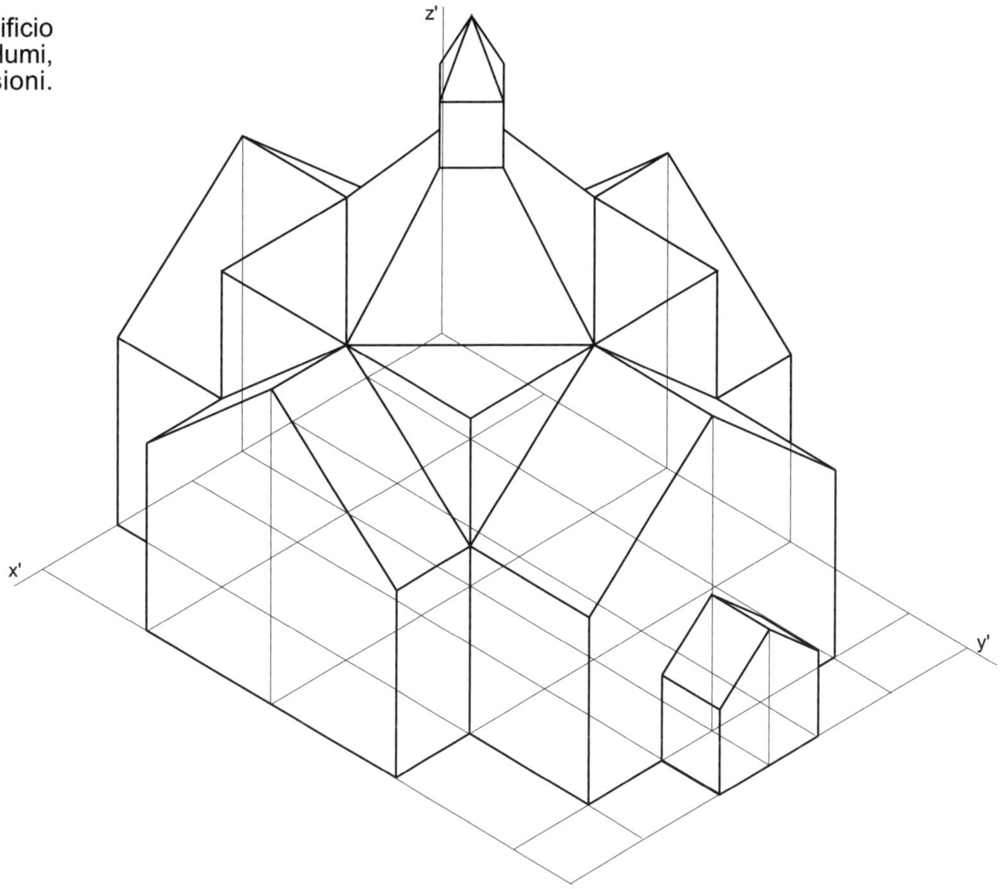

ASSONOMETRIA	Scuola	Classe	Data
	Allievo	Scala	34

Disegna in "esploso" l'oggetto qui rappresentato
in assonometria planometrica.
Mantieni le stesse dimensioni.

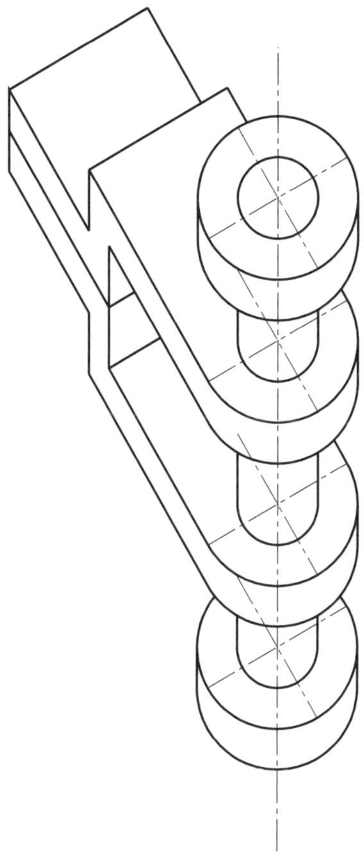

ASSONOMETRIA	Scuola	Classe	Data
	Allievo	Scala	35